Johann Georg Lehmann

Urkundliche Geschichte der Herren und Grafen von Falkenstein

Johann Georg Lehmann

Urkundliche Geschichte der Herren und Grafen von Falkenstein

ISBN/EAN: 9783743316010

Hergestellt in Europa, USA, Kanada, Australien, Japan

Cover: Foto ©ninafisch / pixelio.de

Johann Georg Lehmann

Urkundliche Geschichte der Herren und Grafen von Falkenstein

I.

Urkundliche Geschichte

der

Herren und Grafen von Falkenstein am Donnersberge in der Pfalz,

entworfen von

Johann Georg Lehmann,

prot. Pfarrer zu Nussdorf, korrespondirendem Mitgliede der
k. b. Akademie der Wissenschaften in München, Inhaber der
grossherzoglich hessischen und der königlich schwedischen goldenen
Verdienstmedaillen für Wissenschaft und Kunst,
Ritter erster Klasse des grossherzoglich badischen Ordens
vom Zähringer Löwen, sowie mehrerer geschichtlichen Vereine
Ehren- und ordentlichem Mitgliede.

Mit vier genealogischen Tafeln.

Eingang.

Die Herren von Falkenstein zweigen von den nächsten Dynasten von Bolanden am Donnersberge ab, wie wir dies durch die Geschichte der letzteren in einem früheren Werke genau und ausführlich dargethan haben, auf welche Arbeit wir also hier verweisen müssen [1]). Der Gründer des bolander Geschlechtes Werner I. war in der ersten Hälfte des zwölften Jahrhunderts mit den hohenstaufischen Herzogen aus Schwaben in unser rheinisches Land gekommen und hatte seinen Sitz in der an der Ostseite des Donnersberges gelegenen Burg Bolanden aufgeschlagen, die er bei seiner Ankunft entweder schon vorgefunden, oder für sich neu erbaut hatte. Auch scheint derselbe oder sein ältester Sohn Werner II. zum Schutze seiner neuen Besitzungen auf der westlichen Höhe des Donnersberges zugleich die Veste Falkenstein in's Leben gerufen zu haben: denn Werner's I. (der nach dem Jahre 1135 aus dieser Welt schied) zweiter Sohn Philipp führte in den Jahren 1172, 1180 und 1202 den Namen von Falkenstein und starb nach 1202 ohne Leibeserben. Ueber dessen Nachlass gerieth der Rheingraf Wolfram später mit seinen beiden Schwägern Werner III. und Philipp von Bolanden in langjährige Zerwürfnisse. Auch müssen wir zur Begründung unserer obigen Angabe über die Erbauung der Falkensteiner Veste noch folgende dasige adelige Burgmänner anführen, die sich den Namen davon beigelegt hatten, und zwar bereits 1135 Sigebold von Valkenstein [2]),

---

[1]) Urkundliche Geschichte der Burgen und Bergschlösser der bayerischen Pfalz, Band IV. S. 34 und folgende, nebst der bolander Stammtafel daselbst. S. 144.

[2]) Remling's Abteien der Pfalz, II. 360, Nr. 45.

1*

dann 1173, 1184 und 1185 die Brüder Hunfried und Heinrich von Valkenstein [3]). Als den eigentlichen Begründer unseres donnersberger-falkensteiner Geschlechtes können und müssen wir aber den Sohn jenes Werner's III. von Bolanden, Philipp I. begrüssen und anerkennen, der seit dem Jahre 1224 in vielen Urkunden gemeinsam mit seinem Bruder Werner IV. von Bolanden vorkommt, bis er endlich 1233 als selbständiger Herr zu Falkenstein auftrat. Ehe wir jedoch zur Geschichte desselben und seiner Nachkommen schreiten, wollen wir über den Wohnsitz dieses edeln Herren- und späteren Grafengeschlechtes, sowie über dessen Besitzungen, Lehen und Wappen das ohnumgänglich Nöthige gleichsam als Einleitung hier in möglichster Kürze berühren.

Die Ueberreste der Burg Falkenstein befinden sich an der Westseite des Donnersberges und wir gelangen zu denselben, wenn wir in dem Alsenzthale zwischen dem Dorfe Schweinsweiler und dem v. Gienanthischen grossen hochsteiner Werke, an der Eisenschmelze und dem wambacher Hofe vorüber, in das liebliche falkensteiner Thälchen wandern und den Kunstweg verfolgen, der uns an manchen schönen waldigen Partien und an herrlichen Baumgruppen vorüberführt, bis wir endlich nach kurzer Wanderung plötzlich die Ruinen der falkensteiner Veste, nebst den dieselbe umgebenden Häusern und Hütten des gleichnamigen Dörfchens in der Höhe auf schroffen zackigen Felsen, am breiten waldigen Rücken des Donnersberges erblicken [4]). An der der heiligen Katharina gewidmeten Kapelle vorbei gelangen wir zur alten Veste und durch das verfallene Burgthor in das Innere derselben, wo aber jetzt alles in Schutt und Graus liegt, denn was bei den früheren französischen Raub- und Brandzügen noch verschont worden war, das hat späterer Muthwille zerstört, und nur die Mauern des westlichen Hauptbaues, oder des (während einer undeutschen

---

[3]) Joannis ror. moguntiac. II, f. 590. Würdtwein subsid. dipl. I, 370, Nr. 45. Ejusd. Monasticon palat. I. 257, Nr. 38 etc.
[4]) S. die genaue Beschreibung dieser Ruinen in meiner Geschichte der pfälzischen Burgen IV, 205—207.

Zeit) sogenannten Corps de logis, oder der herrschaftlichen
Wohnung, erheben sich noch senkrecht in die Höhe. Durch
dessen Fensteröffnungen zeigt sich eine überraschende Aussicht
auf viele nahe und ferne Berge und Thäler, während der ko-
lossale Felsen Falkenstein, der dem Ganzen den Namen
lieh, in der Mitte des Burghofes ruht.

Die Güter und Besitzungen der falkensteiner Familie
müssen wir vorher auch etwas näher kennen lernen. Aus dem
alten bolander Erbe hatte dieselbe die Herrschaft und nachherige Grafschaft Falkenstein erhalten, zu welcher ursprünglich die gleichnamige Burg mit dem darunter liegenden Dörf-
chen und noch folgende Orte gehörten: Winnweiler, Imsbach,
Hochstein, Schweinsweiler, Lohnsfeld, Potzbach, Höringen,
Eckelsheim, Gerbach, Sankt Alban, Obergreyweiler, das rodter
Gericht und Kalkofen, sämmtlich an oder in der Umgebung
des Donnersberges gelegen; dann gehörten dazu die Dörfer
Hexheim, Dalsheim, Freimersheim, Ilbisheim, Hohensülzen,
Hillesheim, Bibelnheim und Ippesheim, welche alle auf dem
Haue oder in der Umgegend von Alzei und Mainz lagen; ferner
zählten noch dazu die in späteren Zeiten an die Herren und
Grafen von Falkenstein gekommenen Orte: Bretzenheim, Jakobs-
weiler, Hanweiler, Bierstadt und Alsenbrück, und endlich noch
die in der den Herzogen von Pfalz-Zweibrücken und den
Falkensteinern, jedem zur Hälfte gemeinschaftlich zustehenden
Herrschaft Stolzenberg befindlichen Dörfer Dielkirchen, Steck-
weiler, Baierfeld, Köln und Steingruben, die Hälfte der Burg
Wilenstein bei Kaiserslautern u. s. w. Zudem besassen sie noch
seit dem dreizehnten Jahrhunderte die zwei Orte Hechtsheim
und Weissenau in der Nähe bei Mainz, sowie auch die Reichspfandschaft der Stadt Pfeddersheim bei Worms, welche Stücke
jedoch im Laufe der Jahrhunderte für unsere falkensteiner
Familie wieder verloren gingen.

Der Lehenhof der Dynasten von Falkenstein war ebenfalls
nicht unansehnlich, denn sie hatten zahlreiche Manne und
Vasallen, deren einzelne Aufzählung wir jedoch, um nicht weit-
läufig zu werden, hier übergehen wollen. Die falkensteiner
Herrschaft und spätere Grafschaft selbst war aber ursprünglich
ein Reichsmannlehen, bis dieselbe, wie wir hernach sogleich

vernehmen werden, durch den Kaiser Friedrich II. im Jahr 1237 in ein Kunkellehen umgewandelt ward. Viele bolander Reichslehen und andere Erbgüter blieben anfangs noch in Gemeinschaft oder in der gesammten Hand der aus dem Stamme von Bolanden entsprossenen drei Familien, nämlich der bolander, falkensteiner und hohenfelser, daher wir auch später oft finden werden, dass ein jeder dieser drei Aeste bei Veräusserungen, oder auch nur beim Verpfänden von Besitzungen die Einwilligungsbriefe der andern bedurfte und erwirken musste. Doch scheint dieser Gebrauch und solche innigere Gemeinschaft vom vierzehnten Jahrhunderte an allmälich aufgehört zu haben. Unsere Falkensteiner vertheilten zwar später ihre Güter und Besitzungen manchmal in zwei oder drei in ihrem Hause entstandenen Zweige, allein sie behielten dieselben dennoch bis zu ihrem Erlöschen stäts in gemeiner Hand, und übrigens übten sie, als Stände des heiligen römischen Reiches, sämmtliche mit ihrem Range verknüpften Hoheitsrechte aus sowol über Gut, als auch über Blut.

Bekanntlich hatten die alten eingewanderten Dynasten von Bolanden, weil sie sich später um das mainzer Land in mancher Hinsicht so viele Verdienste erwarben, durch einen der dasigen Erzbischöfe die seltene Vergünstigung erhalten, das erzstiftische W a p p e n, bestehend in einem sechsspeichichten silbernen Rade im rothen Felde, zu dem ihrigen machen zu dürfen, was sie auch thaten, jedoch, wie sich von selbst versteht, mit veränderten Tinkturen und Farben, indem sie nämlich ein rothes Rad im goldenen Felde annahmen. Die aus diesem alten bolander Stamme hervorgetriebenen beiden kräftigen Aeste, d. h. die von Falkenstein und von Hohenfels, behielten nun zum Zeichen der gemeinsamen bolander Abstammung das mainzer Rad in ihrem Wappen und Siegel ebenfalls bei und gleichfalls unter veränderten Farben, denn beide führten ein s i l b e r n e s R a d i m b l a u e n F e l d e, in welches aber die von Hohenfels, theils um sich von den Falkensteinern zu unterscheiden, theils aber auch, um das jüngste Geschlecht dadurch anzudeuten, noch sieben goldene Kleeblätter aufnahmen.

Dies ist es, was wir als unerlässlich voraus schicken zu müssen glaubten, ehe wir uns an die nähere Auseinander-

setzung der in mancher Beziehung bedeutsamen und anziehen-
den Geschichte der Herren und Grafen von Falkenstein begeben.
Ueberhaupt wird man nicht leicht eine andere alte und angesehene Familie finden, welche so manigfache und merkwürdige Wechselfälle, Vererbungen und sonstige Schicksale u. s. w.
erleben und erfahren musste, als eben unsere falkensteiner.
Aus dem uralten bolander Stamme hervorgegangen blühete
dieses Geschlecht mit wachsender Macht und grossem Ansehen,
reich an Besitzungen und Gütern, bis es zu Anfang des fünfzehnten Jahrhunderts im Mannesstamme erlosch, worauf dessen
Ländereien, jedoch nur auf kurze Zeit, an die Grafen von
Virneburg und von diesen an die mächtige dhun-obersteiner
Familie gelangte. Nach dem Abblühen derselben ging die
Grafschaft Falkenstein darauf im siebenzehnten Jahrhunderte
in den Besitz der Herzoge von Lothringen über, von welchen
sie bereits seit dem Jahre 1458 lehenrührig war. Und so kam
sie endlich durch letztere an das österreichische Kaiserhaus, bei
welchem sie auch blieb bis zur grossen französischen Staats-
umwälzung. Dies sind also die v i e r Stadien, in denen sich
die nachfolgende geschichtliche Darstellung bewegt, und durch
welche sich zugleich die Periodeneintheilung derselben ohne
Zwang und von selbst ergibt.

Erster Abschnitt.

Die Falkensteiner aus dem bolander Geschlechte.

Genealogische Tafel Nro. 1.

a. Philipp I. von Falkenstein.

Philipp I. von Falkenstein, der Gründer unseres Geschlechtes, war in mancher Hinsicht ein wichtiger und merkwürdiger Mann sowol hinsichtlich seiner Verrichtungen und seines Ansehens im Reiche, als auch bezüglich seiner bedeutenden Erwerbungen, wodurch er den Glanz seines Hauses nicht wenig mehrte. Er erscheint zum erstenmale im Jahre 1233, da er die Uebergabe einer Wiese zu Dörrmoschel an die Abtei Otterburg bezeugte [5]), in welcher Urkunde er sich den Aelteren nennt. Nach der Trennung von seinem Bruder Werner IV. von Boland hatte er sich mit Isengart, der Tochter des Reichserbkämmerers Ulrich von Münzenberg in der Wetterau vermählt. Weil er nun mit derselben bisher nur zwei Töchter, Guda und Adelheid, gezeugt hatte, die Herrschaft Falkenstein aber, wie bereits oben bemerkt, ein Maunlehen vom heiligen Reiche war, so wurde unser Philipp besorgt wegen der Vererbung seiner Besitzungen und ersuchte deshalb den Kaiser Friederich II., solches Reichs-Mannlehen in ein Weiber- oder Kunkellehen zu verwandeln, wozu sich letzterer, rücksichtlich dessen ihm bereits geleisteten treuen Dienste auch sogleich 1237 durch die urkundliche Erklärung bereit finden liess: dass, falls unser Falkensteiner keine Söhne mehr zeugen würde, dessen Töchter die vom Reiche lehnbaren Güter erben und besitzen sollten [6]). Zwei Jahre später finden wir denselben als

---

[5]) Datum et actum anno 1233. Otterburger Urkundenbuch 45, Nr. 61.

[6]) Datum apud Laudam, Anno Dnice incarnationis 1237. Mense Decembri, Xme Indictionis. V. Gudeni Cod. dipl. mogunt. Vol. II, 74. Nr. XLIX.

Bürgen in einem Vergleiche des Wildgrafen Konrad mit dem Erzbischofe Siegfried zu Mainz in Verbindung mit seinen Verwandten Werner IV. von Boland und Philipp von Hohenfels nebst andern [7]). Noch glänzendere Beweise von der Huld und Guade des Monarchen Friederichs II. 'erhielt Philipp I., als ihm derselbe die kaiserlichen Reichsburgen Trifels und Anebos bei Annweiler zu Leben auftrug, was um so wichtiger war, weil in jener Veste die Reichsinsignien aufbewahrt wurden, die also der Falkensteiner ebenfalls in seinem Gewahrsam hatte. Denn der deutsche König Konrad IV., der Sohn Friederichs II., bekennt ausdrücklich 1246: er habe durch Isengart, die Gemahlin Philipps I., die Burg Trifels nebst den daselbst befindlichen kaiserlichen Zierden oder Reichskleinodien erhalten [8]) und aus den vorhergehenden Jahren finden wir nachfolgende Nachrichten von demselben: 1243 war er Zeuge in einem Erlasse jenes Königs Konrad IV. für Oppenheim [9]); nach Jahresfrist ertheilte er nebst seinem Bruder Werner IV. von Boland seine Genehmigung zur Veräusserung eines Theiles des Zehnten zu Meckenheim an die speierer Domkirche [10]), und 1244 schenkte er gemeinschaftlich mit seiner Gattin Isengart und zu ihrer beider Seelenheile ihre bei Kirchheim gelegenen Güter zum Besten des Siechenhauses in der Abtei Otterburg [11]).

Die drei aus dem alten bolander Stamme entsprossenen Familien Boland, Falkenstein und Hohenfels lebten während des dreizehnten Jahrhunderts stäts in der innigsten Verbindung mit

---

[7]) Acta sunt hec apud Pingniam anno Dnice incarn. 1239. Daselbst I, 559. Nr. CCXXIX.

[8]) Anno Domini 1246 feria D. Lamberti. Schöpflini Alsat. illustr. II, 188. Gebauer's Leben König Richards, 244, Note s und auch meine Geschichte der pfälzer Burgen II, 60.

[9]) Actum et datum in castris apud Wormaciam etc. 1242. VI Kal. augusti. Dr. Boehmer fontes II, 224, Nr. 11.

[10]) Acta sunt hec etc. 1243. V Kal. marcij. Remling's speierer Urkundenbuch I, 227, Nr. 235.

[11]) Actum anno gracie 1244, mense marcij. Otterburger Urkundenbuch 56, Nr. 76.

einander. Sie betrachteten sich immer noch als e i n e Sippe und handelten oft in Gemeinschaft; denn Philipp von Falkenstein, Philipp von Hohenfels und Werner von Boland übergaben zum Troste ihrer Seelen den Nonnen zu Marienthal die Kirche und Pfarrei in Rockenhausen · mit deren gesammten Einkünften, welche der Konvent jedoch 1251 der Abtei zu Münsterdreisen einräumte ¹²). Jener Philipp nahm an den Fehden seines unruhigen bolander Bruders Werner's IV. kräftigen Antheil, besonders in dem Kriege mit dem mainzer Erzbischofe, während dessen jedoch ihre drei Burgen Weissenau und Kastel bei Mainz, sowie auch Ingelheim zerstört wurden, daher beide Länder im Jahre 1253 ihrem Verwandten Philipp von Hohenfels die Hälfte des Burgstadels zu Weissenau eigenthümlich abtraten ¹³). Und im vorhergehenden Jahre hatte unser Philipp . einige Irrungen mit mehreren wetterauischen Adeligen wegen des Dorfes Okriftel, wobei sich aber durch die Untersuchungen der Schiedsleute herausstellte, dass er Unrecht hatte ¹⁴). In der ersten dieser Urkunden wird derselbe Reichstruchsess genannt aus dem wahrscheinlichen Grunde, weil ihm sein Bruder von Boland die Verwaltung dieses Amtes in Krankheits- oder Verhinderungsfällen manchmal übertragen hatte.

Der Graf Simon v. Spanheim verschrieb dem Herrn Philipp I. von Falkenstein 1253 hundert Mark kölner Denare, wofür er dessen Mann und Diener ward. Sowie aber diese Summe bezahlt sei, müsse er sie in der Umgebung von drei Stunden von der Stadt Kreuznach auf seine eigene Güter anlegen und diese dann als spanheimer Lehen empfangen und t r a g e n ¹⁵). Derselbe und sein mehrgenannter bolander Bruder überliessen im folgenden Jahre, um das Wol ihrer unsterblichen Seele zu fördern, dem Nonnen-

<hr/>

¹²) Dat. XVI Kal. Nov. anno dni 1251. Hof- und Staatsbibliothek in München, Cod. lat. Nr. 1728.
¹³) Datum Maguntie anno Dni 1253, VIII Kal. Aprilis. Gudeni Cod. dipl. mog. II, 104, Nr. LXXVII.
¹⁴) Actum et Datum in Eschelburnen A. D. 1252 feria tercia proxima post diem Penthecostes. Daselbst II, 101, Nr. LXXIV.
¹⁵) Datum Anno Dni 1253 jn festo Inuencionis Ste Crucis. Copialb. im Prüf. Arch. zu Strassburg, Nr. E,5524.

kloster Enkenbach die Patronatrechte und den Zehnten der Kirche in Freinsheim zum Eigenthume [16]). Damals war während des sogenannten Zwischenreiches ein wüstes drangvolles Treiben hauptsächlich am Rheine. Besonders hart wurden die freien Städte durch die Lähmung des Handels davon betroffen, daher dieselben, um solchem Faustrechtsunheile zu steuern und zu begegnen, 1254 eine Verbindung, den r h e i n i s c h e n Städtebund, errichteten, zu dessen oberstem Hauptmanne sie den Pfalzgrafen Ludwig den Strengen in Heidelberg ernannten, welchem sich die meisten und tüchtigsten Edeln des Rheinlandes und so auch Philipp I. von F a l k e n s t e i n [17]) anschlossen. Mächtig und stark war dieses Bundes Kette von Basel an bis hinab gen Köln und äusserst wolthätig wirkten deren Glieder auf die Ruhe und Wolfahrt des Landes ein. Jener Philipp I. befreite im darauf folgenden Jahre zur Ehre Gottes und Mariens, sowie zu seinem, seiner Ehefrau Isengart und seiner Vorältern ewigem Heile die domkapitel'schen Güter in Dannstadt von aller Bete [18]). 1256 aber finden wir denselben gemeinsam mit seinen nächsten Verwandten (Werner von Boland und Philipp von Hohenfels) in einem Entscheide der v. Wartenberg mit dem Konvente zu Otterburg [19]). Und diese drei Herren machten auch in dem nämlichen Jahre dem Dome zu Worms das ihnen zustehende Patronatrecht der Kirche in Colgenstein zum Geschenk [20]).

Die Vermählung Philipps I. mit Isengart, der Tochter des Herrn Ulrichs I. von M ü n z e n b e r g, des Reichserbkämmerers,

---

[16]) Acta sunt hec a. dnice incarn. 1254. Datum Bolandie Kal. januarij feliciter. Amen. Remling's Klöster und Abteien der Pfalz II, 356, Nr. 40.

[17]) Chr. Lehmann's Chronica spirensis, Buch V, Cap. XCII, folio 536 und 537 etc.

[18]) Datum et actum apud Wachenheim a. Dni. 1255, nonas decembris. Remling's speierer Urkundenbuch I, 266, Nr. 290.

[19]) Acta sunt autem hec apud Rorbach. A. Dni 1256. Barnabe apostoli. Acta Acad. Theod. pal. VII, 441, Nr. 111. Siehe auch Würdtwein Monast. pal. I, 302 etc.

[20]) Datum A. dni 1256. Mense Junio. Manuscript, bei Schannat hist. ep. worm. I, 14, unvollständig.

war von den wichtigsten und erspriesslichsten Folgen für unser Haus, indem der einzige männliche münzenberger Sprössling, Ulrich II., der Bruder jener Isengart, 1255 oder 1256 ohne Leibeserben verschied, wodurch der grösste Theil von dessen Herrschaft an unsern Philipp I. gelangte. Dieser Erbfall ist überhaupt in vieler Beziehung noch nicht völlig aufgeklärt, hauptsächlich wegen des Völkerrechtes der Erben, weil Ulrich I. von Münzenberg zwei Weiber gehabt hatte und auch noch viele Urkunden mangeln oder verloren gegangen sind, welche Aufschluss darüber hätten geben können. Eben so legen wir auch kein grosses Gewicht auf den Umstand, ob Ulrich II. im Oktober 1255 oder im Frühjahre 1256 verstorben sei, da ja die Geschichte der Herrschaft Falkenstein am Donnersberg unsere besondere und nächste Hauptaufgabe ist und wir daher von unseren Falkensteinern im allgemeinen nur diejenigen wichtigen Thatsachen und Vorkommnisse anführen und berücksichtigen werden, bei denen sie mitwirkten. (*) Wie interessant diese Begebenheit für den falkensteiner Stamm oder für Philipp I. und für seine Nachkommen wurde, werden wir in der Folge noch näher entwickeln, indem diese Herren später die meisten münzenberger Besitzungen an der Lahn, in der Wetterau, am Rhein und am Main bis auf ein Sechstheil allmälich eigenthümlich an sich

---

(*) Zur Veranschaulichung dieses münzenberger Erbfalles diene folgendes genalogische Schema:

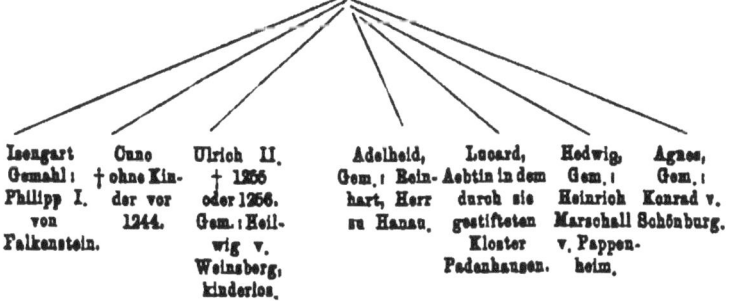

Ulrich I.,
Herr zu Münzenberg und Reichserbkämmerer.

| Isengart Gemahl: Philipp I. von Falkenstein. | Cuno † ohne Kinder vor 1244. | Ulrich II. † 1255 oder 1256. Gem.: Heilwig v. Weinsberg, kinderlos. | Adelheid, Gem.: Reinhart, Herr zu Hanau. | Lucard, Aebtin in dem durch sie gestifteten Kloster Padenhausen. | Hedwig, Gem.: Heinrich Marschall v. Pappenheim. | Agnes, Gem.: Konrad v. Schönburg. |

brachten und dadurch das Ansehen und den Glanz ihres Geschlechtes nicht wenig erhöheten. Wie bedeutend der Nachlass
Ulrichs II. gewesen, wird sich aus den nachfolgenden Verträgen
ergeben. Ueberdem waren diese Dynasten, wie bereits oben
bemerkt, Erbkämmerer des Reiches, welches wichtige Amt den
Falkensteinern ebenfalls übertragen ward, sowie das Wappen
und der Titel derselben auch auf unsere Familie übergingen,
von denen jenes in einem mit roth und Gold quer getheilten
Schilde bestand. Die Theilnehmer an dem münzenberger Erbe
waren also vermöge des hier beigefügten Schema's: unsero
Falkensteiner, Reinhart von Hanau, Hedwig von Pappenheim und
Agnes von Schönburg, nebst Engelhart und Konrad von Weinsberg, den Schwägern des Erblassers, welchen er Theile seiner
Güter vermacht hatte. Der erste gemeinsame Schritt, den
diese Erben thaten, bestand darin, dass sie der Stadt Münzenberg 1256 ihre sämmtlichen Gerechtsamen und Freiheiten kon-
firmirten [21]).
    Der Kurfürst Ludwig II. von der Pfalz übertrug in dem
nämlichen Jahre dem Herrn Philipp I. und seinem gleichnamigen
Sohne, sowie auch den Brüdern Engelhart und Konrad von
Weinsberg die Grafschaft (Cometia, worunter wahrscheinlich
die oberste Richterstelle zu verstehen sein wird) in der Wetterau,
weil ihnen das nächste Recht dazu gebühre [22]). Nicht lange
nachher trafen die eben genannten von Weinsberg eine Uebereinkunft mit jenen beiden Falkensteinern, in welcher letztere
gegen eine Vergütung von 500 Mark Silbers ihre Einwilligung
gaben: dass jeder der weinsberger Brüder ein Sechstheil der
münzenberger Erbgüter erhalten sollte, wogegen sie aber auf
die Veste Königstein, so wie überhaupt auf alle nassauische Lehen
Verzicht leisten müssten [23]), in welcher Urkunde, als ein Zeichen

[21]) Acta sunt hoc anno Domini 1256, II Idus Aprilis. Grüssner's diplomatische Beiträge III, S. 182.
  [22]) Datum Franckenfurt a. Dni 1256, Quinto Kalend. Junij
Quarte decimo Indiction. Daselbst III, 184.
  [23]) Acta sunt hec apud Wormatiam in Claustro Monialium,
quod Kirsgarda vulgariter dicitur. An. Dom. 1256 in crastino Apostolorum Petri et Pauli. Das. III, 185 und Kremeri Orig.
Nassoicae II, 301, Nr. CLXII.

der engverbundenen Verwandtschaft, Werner von Boland und
Philipp von Hohenfels wiederholt als Zeugen erscheinen. Zu
mehrer Sicherheit der gegebenen Zusage machten sich die
Weinberger sogar noch anheischig zum Einlager nach Frankfurt mit einigen Rittern [24]).

Welches Gewicht man damals auf die Hilfe und den Beistand unseres bolander und falkensteiner Hauses legte, sehen
wir deutlich daraus, weil Werner IV. und unser Philipp I.
sammt des letzteren Söhnen Werner und Philipp sich im Januar 1257
dem so eben erwähnten pfälzer Kurfürsten pflichtig machten,
ihm in seinen Fehden und Kriegen, hauptsächlich gegen den
Erzbischof Arnold von Trier beizustehen [25]). Einen ausgezeichneten Beweis der besonderen Gnade des deutschen Königs
Richart erhielt letzterer dadurch, indem ihn derselbe bald hernach mit dem Reichskämmereramte belehnte und zwar ebenso wie dessen Schwiegervater und Schwager Ulrich von Münzenberg dasselbe bis zu ihrem Lebensende von dem deutschen
Reiche zu Lehen gehabt hätten [26].) Im nämlichen Jahre bestätigten sämmtliche obgenannte Erben die durch den letzten
Herrn von Münzenberg, Ulrich II., vollzogene Ueberlassung der
St. Johanniskirche zu Nauheim in der Wetterau an das Domkapitel zu Mainz [27]). Ueberhaupt standen, wie schon mehrmals angedeutet, die von Boland, Falkenstein und Hohenfels
stäts in naher Verbindung mit dem mainzer Erzstifte, ja sie
besassen sogar in der Umgebung des dasigen Domes, nahe bei
dem Refektorium eine eigene dem heil. Nikolaus geweihete
Kapelle, in welcher sie 1258 aus den Gefällen derselben und
derjenigen zu Weissenau eine ewige Vikarie errichteten, die

---

[24]) Acta sunt hec Mintzonberg Ao. Dni 1256. Sabbatho post
Matthaei Evang. Grüssner c. l. III, 186.

[25]) Acta sunt hec apud Bacheracum ao. Dni 1257 in die conversionis beati Pauli, XV Indictione. Acta acad. Theod. pal. VI,
321, No. IV.

[26]) Datum Aquis XXII die Maij, ind. XV. Ao. Dni 1257,
Regni vero nostri Anno primo. Grüssner's dipl. Beitr. III, 188.

[27]) Actum anno Domini 1257. Daselbst III, 189.

von ihnen den Namen führen sollte und deren Verleihung sie
sich auch zugleich vorbehielten [28]).

Philipp I. und seine Söhne Philipp und Werner stellten
damals ihrem Vetter Reinhart von Hanau, seiner Gattin Adelheid
und ihren Erben die Versicherung aus, sie wegen ihres Antheils
an dem münzenberger Erbe nicht irren oder hindern, sondern
ihnen im Gegentheil allen Beistand l e i s t e n zu wollen [29]). Dagegen
verzichteten aber die genannten Hanauer an demselben Tage
auf ihre sämmtlichen Ansprüche an die Burg Königstein am
Taunus und deren Zubehörde, so viel nämlich die Münzenberger
daran besessen hätten, zu Gunsten der ersteren [30]). Bald
hernach besiegelte jener Philipp I., H e r r von Falkenstein, wie
er ausdrücklich genannt wird, einen Brief für den Nonnenkonvent
Enkenbach in der Pfalz, wegen der Almende zu Eigersheim [31]).
Im folgenden Jahre ward durch eigens ernannte Schiedsrichter
eine Irrung des Grafen Diether v. Katzenelnbogen mit jenem
Philipp I. wegen der aus dem münzenberger Nachlasse her-
rührenden Grafschaft oder des Gerichtes am Haselberge und
wegen des Maigedinges in Langen, zu Gunsten des lezteren b e i -
g e l e g t [32]). Ferner begaben sich 1259 die Falkensteiner, nebst
den Brüdern Werner und Philipp von Boland und ihren Söhnen,
aller Forderungen an die Stadt und die Bürger zu Mainz, die
noch von der früher erwähnten Fehde Werner's III. mit dem
Erzbischofe herrühren mochten und überliessen den Bürgern

---

[28]) Ao. 1258. XVII Kal. Julij. Gudeni Cod. dipl. mog. II, 762,
No. XIII.

[29]) Geschen vnd gegeben zu Myntzenberg In dem Jar vnsers
Horrn 1258 Jaro an Sant Jacobs Tag des Heiligen Aposteln.
Grüssner's Beitr. III, 190.

[30]) Geschehen etc. zu Müntzenberg etc. 1258 Jar an S. Jacobstage. Das. III, 192 und Kremer's orig. nass. II, 202, No.
CLXIII.

[31]) Actum ao. 1258. Datum mense Augusto die decollacionis
sancti Johannis baptiste. Remling's Abteien und Klöster der Pfalz
I, 315, No. 6.

[32]) Actum Ao. Dni 1259 in Crastina Quasimodogeniti. Grüssner's Beitr. III, 195. Gudeni Cod. dipl. II, 133, No. XCIX.

zugleich den Burgstadel ihrer ehemaligen Veste zu Weissenau, um mit demselben, sowie mit den daselbst befindlichen Steinen nach ihrem Gefallen s c h a l t e n z u k ö n n e n [33]). Und endlich gaben der Reichskämmerer Philipp I. und seine beiden Söhne ihren Willen dazu, dass die v. Cronberg einen ihnen zu Lehen habenden Acker bei Bergen dem Gotteshause Hayna zuwenden d u r f t e n [34]).

Die Bürger der Reichsstadt Worms und deren Freunde zu Osthofen waren damals in eine schwere Fehde mit Simon von Guntheim und Jakob vom Stein, zwei Burgmännern des Herrn Philipp v. Hohenfels, befangen, bis beide Theile endlich den König Richart zum Schiedsrichter erkoren, der dann auch im Jahre 1260 solche Zerwürfnisse gütlich ausglich, wobei er sich nebst anderen auch besonders unseres Reichskämmerers Philipp I. von Falkenstein, seines Rathes, der zugleich ein naher Verwandter jenes Hohenfelsers war, mit gutem Erfolge als Vermittlers und Bürgen b e d i e n t e [35]). Eben diesem Falkensteiner war auch, zuverlässig aus dem münzenberger Erbe, die Veste Kaub am Rhein zugefallen, denn er befreite im Jahre 1261 zu seinem, seiner beiden Söhne und seiner Tochter Guda, sowie überhaupt zu seiner sämmtlichen Vorältern Seelentroste die Abtei Eberbach im Rheingau von der Entrichtung des Zolles bei seiner Burg K a u b [36]). Derselbe bezeugte zwei Jahre später eine Vergünstigung des Pfalzgrafen Ulrich von Tübingen, Herrn zu Giessen, für die Abtei Arnsburg in der W e t t e r a u [37]). Im September 1266 schärften aber er und seine zwei Söhne den Zöllnern und Burgmännern zu Falkenau und Kaub nochmals

---

[33]) Actum Maguntie Ao. Dni. 1259 feria quinta post Dominicam Invocavit. Gudeni Cod. dipl. mog. II, 132, No. XCVIII.

[34]) Actum ao. 1259 II feria post ascensionem Domini. Analecta hassiaca II, 283, No. XI.

[35]) Fried. Böhmer, fontes rer. germ. II, 231 bis 233 mit 2 Urkden vom 16. Sept. 1260, No. 17 und 18.

[36]) Actum anno Dni. 1261 menso Novembri. Herzogl. nassauisches Archiv zu Idstein. Original.

[37]) Datum et actum in Giessin. Ao. Dni. 1263. Senckenberg Medit. de universo jure et hist. 676, lit. A.

ein, den Abt von Eberbach und die Seinigen unbeschwert und frei von Zoll und Abgaben vorbeifahren zu lassen[38]). Im folgenden Jahre erscheint unser Philipp als der ältere, und als der erste Zeuge in einer Schenkung derer von Reifenberg an das Gotteshaus zu Hayna[39].

Während der damaligen raub- und fehdelustigen Zeiten litten vor allem die Reichstädte und unter andern auch die Bürger zu Speier grosse Noth, indem sie von den herrschenden Parteien theils für Angehörige des Reiches, theils aber auch für Unterthauen des dasigen Bischofs angesehen wurden und so von allen Seiten viele Drangsale erdulden mussten. In dieser unangenehmen Lage nahmen sie nun ihre Zuflucht zu unserem Reichskämmerer Philipp I. und ersuchten denselben, ihnen einen Auszug aus der Reichsmatrikel zu verschaffen, damit sie wüssten, wie sie sich zu verhalten und wessen sie sich für die Zukunft zu versehen hätten. Darauf ertheilte er ihnen im Jahre 1267 eine Entscheidung des Inhalts: sie seien Unterthanen des Reiches und dürften also von Seiten des speierer Bischofs in keiner Hinsicht belästigt werden[40]). Dieser Ausspruch des Falkensteiners war entscheidend, so dass die Stadt, wenigstens in dieser Beziehung, später nicht mehr belästigt werden durfte. Zu diesem Jahre müssen wir zugleich noch bemerken, dass der Erzhirte von Mainz die durch die münzenberger Erben 1267 gemachte Schenkung[41]) des Patronatsrechtes der Kirche zu Bickenbach an die Nonnen von Padenhausen im darauffolgenden Jahre bestätigte[42]).

---

[38]) Actum a. dni. 1266 in vigilia Exaltationis. Orig. im Idsteiner Archive.

[39]) Acta sunt hec Frankenford a. 1267 in die beati Urbani martiris et confessoris. Kuchenbecker's Analecta hassiaca Coll. VII. 288, No. XVI.

[40]) Dat. Ao. Dni. 1267 apud Kungenstein in die omnium Sanctorum. Chr. Lehmann's speyerer Chronik, Buch V. Cap. CI fol. 549 a.

[41]) Actum Ao. Dni. 1267 in vigilia Nicolai Confessoris. Gudeni Cod. dipl. mog. III, 751, No. 486.

[42]) Actum et datum Maguntie Ao. Dni. 1268, VII Kal. Decembris. Daselbst I, 723, No. 324.

Unser Falkensteiner genoss bei dem römischen Könige Richart grosses Ansehen, was unter anderem daraus hervorgeht, dass er 1269 den auf dem Reichstage zu Worms erneuerten Landfrieden bezeugte und sich nebst vielen anderen Herren dafür verbürgen musste [43]). Auch vertraute ihm dieser Monarch fortwährend die Burg Trifels nebst der Hut über die daselbst aufbewahrten Reichsinsignien an, welche letzteren er dem Könige behufs jenes wormser Reichstages auslieferte [44]). [Schon einige Jahre vorher hatte derselbe angeordnet: seine beiden Söhne, womit ihn Gott gesegnet, seien verpflichtet die Vesten Trifels und Anebos in der Rheinpfalz, sowie Kalsmunt und Nuringes in der Wetterau zu unterhalten, und zwar die beiden ersten sein ältester Sohn Philipp II., die letzteren aber der jüngere Sohn Werner [45]), woraus vorerst erhellet, dass unsere Familie die genannten Burgen als Reichslehen unterpfändlich besessen, und dann auch, dass jener Sohn in der Veste Falkenstein am Donnersberge und der andere in der Münzenburg seinen Sitz gehabt habe, während nach obigem Datum von 1267 ihr Vater das Schloss Königstein am Taunus bewohnte. Ueberhaupt stand, wie bereits bemerkt, Philipp I. in hoher Gnade bei dem Könige Richart, seinem Eidam. Er begleitete denselben 1269 auch nach England [46]), und nach seiner Heimkehr verzichtete er nebst seinen zwei Söhnen im Monat September auf die Lehenschaft an Gütern in Heidersheim, welche die Ritter und Gebrüder von Berge der Abtei Hayna geschenkt hatten [47]).

Einen beträchtlichen Zuwachs an Gütern und Besitzungen erhielt unser falkenstein-münzenberger Geschlecht, das nun aufs innigste mit einander verbunden und vereinigt war, aus Ver-

---

[43]) Gebauer's Leben Königs Richardi, 241, und Fr. Böhmeri Regesta Richardi Regis 49, No. 110½.

[44]) Gegeben zu Wormitzse in dem Aprill etc. 1269. Gebauer l. c. 404.

[45]) Gebauer, Leben Königs Richardi, S. 244.

[46]) Daselbst, Seite 410.

[47]) Actum in Franckinford ao. Dni. 1269 pridie Nonas Septembr. Analecta hassiaca Coll. VIII, 291, Nr. XIX.

2*

anlassung einer zwischen demselben und den Dynasten Engelhart von Weinsberg, Vater und Sohn, entstandenen Irrung
über die den letzteren aus dem münzenberger Erbe zugefallenen
Theile an den Vesten und Gebieten Münzenberg, Assenheim,
Hayn in der Dreieich und an der Burg Wagenheim, welche
jedoch durch zwei hohe Geistlichen aus Mainz, den Rauhgrafen
Konrad und den Herrn Philipp von Boland', nach vielfachen
Bemühungen mittelst eines Vertrages von 1270 wieder beigelegt
ward: vermöge dessen unser Philipp I. und seine beiden oftgenannten Söhne von jenen Weinsbergern ihren Antheil an der
Veste und Stadt Münzenberg, an Assenheim und an dem Hayne
zur Dreieich um 1800 kölner Mark Silbers für erb und eigen,
sowie auch ihre Burg Wagenheim für 200 Mark Silbers und
200 Pfund Heller, diese jedoch wiederlöslich mit den genannten
Summen e r k a u f t e n [48]). Dagegen hatte aber unser Reichskämmerer mit seinen zwei Söhnen und deren Gemahlinen
Gisela und Mathilde 1271 ein von dem Abte von Fulda lehen-
rühriges Gut in Eberstadt veräussert, weshalb sie dem geistlichen Herrn andere Güter und Einkünfte als Entschädigung
anboten und auch ü b e r l i e s s e n [49]).

Mit dieser Handlung scheint Philipp I. sein thätiges, viel-
bewegtes Leben beschlossen zu haben, denn er segnete das
Zeitliche im Jahre 1271. Seine Gattin Isengart von Münzenberg ist uns schon bekannt. Sie war aber vor dem Jahre 1261
bereits v e r s t o r b e n [50]), nachdem sie fünf Kinder geboren,
nämlich Guda und Adelheid, Philipp II. oder den jüngeren und Werner I., welche beide wir schon mehrmals aus
Urkunden kennen gelernt haben, und endlich Beatrix, die Gemahlin des Königs Richart. Guda und Adelheid erhielten, wie
wir oben gehört, im Jahre 1237 von Kaiser Friedrich II.

---

[48]) Acta sunt hec apud Nuhusen prope Wormaciam proximo
subbato ante Dominicam Letare, Ao. Dni. 1270. Grüssner's dipl.
Beiträge III, 197 etc. — Joannis rer. mogunt. II, 674.

[49]) Datum et actum in compo iuxta Echzele. Ao. Dni. 1271.
IV Non. Octobris. Gudeni Cod. dipl. mogunt. V, 759, Nr. VII.

[50]) Supplica des gr. Hauses Solms wegen des Klosters Arnsburg contra Solms, 126, Nr. 15.

das Erbfolgerecht in den Reichslehen. Von letzterer ist uns jedoch sonst nichts bekannt geworden, von jener aber wissen wir so viel, dass sie zuerst mit einem Schenk von Klingenberg und nachher mit Konrad von Bickenbach schon 1260 verheiratet war, indem sie in diesem Jahre mit ihrem Eheherrn die Erklärung ausstellte: sie hätte dem Deutschordenshause zu Mergentheim ihre Güter in Rollbach v e r k a u f t [51]). Sie wurde Wittwe 1268 und starb zwischen 1822 und 1290 [52]).

Die Auszeichnung, welche der deutsche Monarch Richart von Cornwallis unserem Philipp I., sowie auch dessen Stammesgenossen von Boland und von Hohenfels öfters widerfahren liess, rührte von des Falkensteiners naher und inniger Verbindung mit demselben her. Der alte Annalist Trithemius erzählt nämlich: Philipp I. hätte eine Tochter namens Beatrix gehabt, die König Richart wegen ihrer ausserordentlichen Schönheit 1269 zu seiner dritten Ehegenossin g e n o m m e n h a b e [53]). Diese Angabe hielt man lange Zeit für ein Märchen, daher sich der Biograph Richart's alle erdenkliche Mühe gab, um die Wahrheit des Gesagten zu beweisen und zu e r h ä r t e n [54]), was ihm jedoch nicht vollständig gelang. Allein jetzt ist es ausser allen Zweifel gesetzt und allgemein anerkannt, dass jene Beatrix eine Freiin von Falkenstein gewesen sei, mit welcher Richart am 15. Juni 1269 Hochzeit und Beilager zu Kaiserslautern aufs glänzendste g e f e i e r t h a b e [55]). Auch durch die Inschrift auf ihrem Grabsteine in der Minoritenkirche zu Oxford wird dies bestätigt, denn sie besagt, die Königin Beatrix, eine geborne von Falkenstein, sei im Jahre 1275 g e s t o r b e n [56]). Also wegen

---

[51]) Acta sunt hoc ao. Dni. 1260, Quarto Nonas Martij. Gudeni Cod. dipl. mogunt. IV, 896, Nr. XXIX.

[52]) J o a n n i s rer. moguntiac. II, 541.

[53]) Joh. Trithemii Annales hirsaugienses fol. 598 und 605 ad. a. 1260.

[54]) Gebauer's Leben König Richards an vielen Stellen; siehe auch Vogt's rheinische Geschichte und Sagen III, 140, welcher diese Vermählung nach seiner Weise romantisch ausmalt.

[55]) Dr. Fried. Böhmer's Regesta Richardi Regis p. 50, Nr. 117½.

[56]) A. Wood historia et antiquitates Vnivers. OXoniensis lib. I, 79.

dieser von Seiten des Monarchen aus reiner Neigung hervor-
gegangenen und für die Falkensteiner so ehrenvollen ehelichen
Verbindung bestand ein solches vertrautes Verhältniss zwischen
jenem deutschen Könige und zwischen Philipp I. und seinen
Söhnen und Verwandten.

b. Philipp II. von Falkenstein-Münzenberg.

Philipp II. und sein Bruder Werner I. kommen bis zu
ihres Erzeugers Tode oft in Urkunden vereint vor und zwar
jener zuerst 1256, dieser jedoch erst seit 1259 zugleich mit
dem Vater, und beide müssen also um diese Zeit bereits volljährig gewesen sein. Sie besassen mehrere Jahre lang die ihnen
zu ihrem Unterhalte angewiesenen Güter in Gemeinschaft und
verrichteten daher auch alle darauf bezüglichen Handlungen
gemeinsam. Zudem nahmen sie sich nebst ihrem Vater der
Angelegenheiten ihrer bolander Vettern eifrig an und befehdeten
deswegen auch den mainzer Erzbischof bis zum Jahre 1259.
Allein die Einigkeit derselben ward, wie es leider um zeitlichen
Gutes willen oft zu geschehen pflegt, durch Eigennutz gestört.
Der Vater sah solchem Gefahr drohenden Uebelstande mit Be-
dauern zu und sorgte, wie wir schon oben vernommen haben,
im Jahre 1266 durch eine sogenannte Mutscharung dafür, die
Eintracht unter seinen Söhnen zu erhalten, indem er dem älteren
unter anderem die Reichsburgen Trifels und Anebos bei Annweiler, dem jüngeren hingegen die Vesten Kalsmunt bei Wezlar und Nuringes bei Königstein am Taunus einräumte. Er
überliess ihnen auch später noch den beträchlichsten Theil des
münzenberger Erbes, was ganz klar aus den darüber gepfloge-
nen, sogleich anzuführenden Handlungen, sowie zugleich daraus erhellet, dass die Brüder schon 1267 den getheilten münzenberger Schild, ihr Vater hingegen nur das falkensteiner Rad
in ihren Siegeln führten. Wir wollen nun erstere auftreten
und handeln lassen, müssen aber dabei ausdrücklich bemerken,
dass, weil jedesmal der älteste Sohn den im falkensteiner Hause
damals beliebten Namen Philipp führte, und auch von nun an
zwei Linien neben einander blüheten, welche beide diesem
Gebrauche huldigten, dieser schwierige Umstand die grösste
Vorsicht und die gespannteste Aufmerksamkeit erfordert, um

jene Herren genau und gehörig von einander unterscheiden zu
können.

Im Jahre 1263 erklärten die zwei Brüder, gleichwie ihr
seliger Grossvater Werner III. von Boland und auch ihr Vater
Philipp I. bereits gethan hatten, die Besitzungen der Kirche
der heiligen Maria und des Evangelisten Johannes zu Gom-
mersheim in der Pfalz, welches Dorf aller Wahrscheinlichkeit
nach damals zur Burg Trifels gehörte, für befreit von allen
Abgaben und Beschwerden [57]). Mit den ihnen vom Vater
überlassenen Gütern und Gefällen konnten dieselben wenigstens
theilweise frei und selbständig verfügen, denn 1264 veräusser-
ten sie mit der Zustimmung und Mitbesiegelung ihres Vaters,
sowie auch in Gegenwart ihrer Burgmänner ihre Güter zu
Kallstadt für 100 Pfund Heller an die Abtei Otterburg, in welchen Verkauf ihre Gattinen ebenfalls einwilligten [58]). Und
im folgenden Jahre offenbarten beide wiederholt ihre gütigen
Gesinnungen gegen geistliche Anstalten, indem sie dem Kloster
bei Heidelberg die Befreiung von der Entrichtung des Rhein-
zolles bei ihrem Schlosse Falkenau zugestanden [59]). In
diesem Actenstücke nennt sich Phillipp II. von Münzenberg und
Werner I. von Falkenstein, zum Beweise, dass sie damals noch
manchmal mit diesen Namen abwechselten, weil keiner von
ihnen schon eigenthümliche feste Besitzungen, sondern nur Einkünfte von denselben zu benutzen hatte. Allein einige Jahre
später müssen sich solche Verhältnisse schon geändert haben,
da beide Brüder 1268 mit der Zustimmung ihrer Schwester
Guda von Bickenbach dem Gotteshause Arnsburg bei Münzenberg ein Gut in Beldersheim um 30 Mark kölner Pfenninge
käuflich überliessen [60]). Ebenso verkauften beide, aber unter

[57]) Actum et Datum Valckinowe, Ao. Dni. 1263. Monasticon
pal. auct. Würdtwein V, 103, Nr. 96.

[58]) Datum et actum ao. Dni. 1264. Otterburger Urkundenbuch 110, Nr. 145.

[59]) Datum apud Falckinowe, anno Dni. 1265, mense Januario.
Gudeni Sylloge var. dipl. I, 246, Nr. 131.

[60]) Actum et datum Ao. Dni. 1268, pridie Kal. Marcij. Gudeni Cod. dipl. mogunt. III, 437, Nr. 680.

der Einwilligung ihrer Weiber Gisela und Mechtilde im Jahre 1270 von der Abtei Engelthal ihre Güter in dem Dorfe Opoltshausen ebenfalls für 30 Mark kölner Pfenninge[61]). Diese Veräusserungen kann man sich einigermassen erklären, wenn man bedenkt, dass Philipp II. und Werner I. vermuthlich 1269 dem Könige Richart eine ansehnliche Summe Geldes vorgeschossen hatten, weil sich derselbe 1270 bei ihnen entschuldigen musste: er könne wegen seiner Abwesenheit in England und da er auch des Krieges wegen alles Gutes entblöst sei, ihnen vor der Hand keine Zahlung leisten[62]). Auch hatte das Kloster Arnsburg jenen zwei Brüdern zur Befriedigung ihrer weinsberger Verwandten 90 Mark geliehen, wofür sie demselben im folgenden Jahre den Zehnten im Dorfe Gülle auf solange verpfändeten, bis diese Schuld wieder abgetragen sei[63]). Unsere Herren hielten es damals für bequemer und zweckdienlicher, um die so nöthige und erwünschte Einigkeit unter sich zu erhalten, nach ihres Vaters Hinscheiden 1271 mit Beihilfe ihrer Freunde die zu der Herrschaft Münzenberg gehörigen Ortschaften, Gerechtsamen, Unterthanen und Güter zu theilen, worauf Werner I. die Erklärung ausstellte: er hätte seinem Bruder Münster, Wizeln, Grideln, Obernhergern, Eberstadt und Grüningen sammt allen damit verbundenen Dörfern, Gütern und Einkünften abgetreten und darauf verzichtet[64]). Nach Jahresfrist verkaufte Philipp II., jetzt von Münzenberg genannt, für sich allein einen Weinberg und einen Zehnten zu Nierstein an mehrere Adelige auf Wiedereinlösung[65]) und einige Monate nachher übergab Agnes, die Wittwe Konrads von Schönburg, ihren beiden Neffen Philipp II. und Werner I. den ihr

[61]) Acta sunt hec, Ao. Dni. 1270. Calend. Octobris in campo qui vulgariter dicitur Amenhenberge. Daselbst V, 758, Nr. 5.

[62]) Gebauer's Leben des deutschen Königs Richardi 410, Nr. 9.

[63]) Acta sunt hec apud Mynzenborg, Ao. Dni. 1271 non. Kal. Junij. Gudeni Cod. dipl. mog. IV, 915, Nr. 44.

[64]) Actum Myntzenberg in die beati Galli. Ao. Dni. 1271. Daselbst II, 179, Nr. 139 und Grüssner's dipl. Beitr. III, 199.

[65]) Actum Ao. Dni. 1272. IV. Kal. Marcij. Gudeni codex dipl. mog. V, 760, Nr. 8.

zugefallenen Theil von der münzenburger Erbschaft zum völligen ungeschmälerten Eigenthume[66]), wodurch die Besitzungen derselben immer mehr abgerundet wurden.

Im Jahre 1274 entbrannte, wie es längst zu erwarten stand, ein heftiger Streit zwischen jenen Brüdern über die Beerbung der von ihrem Vater hinterlassenen Besitzungen, welchen jedoch der Dechant Konrad zu Sankt Marien in Mainz mit der Beihilfe anderer und mit der grössten Mühe wieder dämpfte und beilegte[67]). Es ist zwar über diese Vereinigung, die sich vermuthlich mit einer Theilung endigte, kein Instrument mehr vorhanden, allein aus den nachfolgenden Verhandlungen geht unwidersprechlich so viel hervor, dass von nun an in unserer Familie zwei Linien blüheten; das Reichskämmerer-Amt aber in der Regel fortan auf dem ältesten Sohne haftete und nur in ausserordentlichen Fällen auf einige Zeit einem andern Bruder übertragen werden konnte, sowie auch der älteste, als der ursprüngliche Hauptstamm, beständig im Besitze unseres Falkensteins am Donnersberge blieb, während die übrigen Brüder oder Verwandten sich deswegen entweder von Münzenberg, oder von sonstigen Besitzungen schrieben und benannten, die ihnen eingegeben waren, z. B. von Königstein, von Lich, v. Assenheim u. s. w. Beim Beginn dieses Jahres hatten indessen Philipp II. und Werner I. das Dorf Griesheim bei Frankfurt noch gemeinschaftlich dem Stifte der hl. Maria zu Mainz um die Summe von 222 Mark kölner Denare käuflich überlassen[68]), was wir hier noch nachträglich bemerken müssen. Wir wollen also jetzt vorerst die Geschichte Philipps II. und seines Sohnes Philipps III. entwickeln und uns dann in den späteren Abschnitten mit den Schicksalen Werner's I. und seinen Nachkommen beschäftigen.

Die eben gedachten Brüder schenkten 1275 mit der Zustimmung ihrer bereits erwähnten Ehehälften ihre in Nieder-

---

[66]) Datum et actum in Franckfort in crastino Beati Nicolai Ao. dnice. incarn. 1272. Grüssner's diplom. Beiträge III, 201.

[67]) Joannis rer. moguntiac. Vol. II, fol. 674.

[68]) Daselbst II, folio 660, § XVII.

hausen gelegenen Güter nebst allen Zubehörden den Nonnen
zu Marienborn oder Weidas bei Alzei zum Eigenthume [69]).
Dieselben standen immer noch in inniger Verbindung mit ihren
Urstammsverwandten, weil Werner IV. von Boland seinem
lieben Vetter, dem Reichskämmerer Philipp II., das Reichslehen
Gelnhausen sammt allen Rechten und Zuständigkeiten im
Jahre 1277 freiwillig und auf immer übertrug [70]). Bald
darauf veräusserte letzterer nebst seiner Gisela die Burg und
Stadt Kaub, mit dem Patronat der Kirche in Wisel um 2100
Mark achener Pfenninge und dazu noch seine eigenen, sowie
sonstigen Rechte und Güter zu Ulversheim bei der Stadt Alzei
um 200 Mark an den Kurfürsten Ludwig II. von der Pfalz,
welches letztere Gut er aber von dem Pfälzer sogleich wieder
zu Lehen erhielt [71]).

Die Brüder Philipp II. und Werner I. scheinen im Jahre 1277
einander etwas näher gerückt zu sein, weil sie durch weitere
Theilungen allen ferneren, aus Gemeinschaften gar oft ent-
springenden Unannehmlichkeiten und Reibereien vorzubeugen
suchten. Denn so schieden sie die zur Burg Hayn in der
Dreieich gehörigen bedeutenden Ortschaften, Ländereien, Gerechtsamen und Gefälle aus, wobei der jüngere die Dörfer Langen,
Hayn, Mersfeld, Kelsterbach, Schweinheim, Niederrad, Fechen-
heim und Bürgel nebst den Unterthanen in den fünf zuletzt
genannten Orten, ferner Gimmsheim am Rhein, Bischofsheim
bei Bergen, sammt den armen Leuten in Buwenheim, Rüssels-
heim und Bischofsheim, endlich noch die Dörfer Trebur, Münster und Werlach zu seinem Antheile erhielt [72]). Und ebenso
theilten sie auch einige Wochen darauf die zur Veste Assen-

---

[69]) Datum Mintzenbergk, Ao. Dni. 1275, in die beati Severi
Episcopi et confessoris. Gudeni Cod. dipl. V, 762, Nr. 10.

[70]) Datum et actum apud Bollandiam, Ao. Dni. 1277, in crastino Kathedre bti. Petri. Daselbst I, 759, Nr. 348.

[71]) Datum Wormatie, Ao. Dni. 1277, III id. Aprilis. Acta
Acad. Theod. Palat. III, 101, Nr. 16.

[72]) Actum et datum Hain, in die sanctorum Crispini et Cri-
spiani. Anno Dominice incarnationis 1277. Gudeni Cod. dipl. mogunt. V, 764, Nr. 12.

heim gehörigen Waldungen, wodurch Werner das Hoholz und Philipp den Forst bei Bonstadt mit dem Walde Eichenloch bekam.[73]). Dieselben müssen um diese Zeit mit dem Erzhirten zu Mainz in Zerwürfnissen gelebt haben, indem Reinhart von Hanau 1278 gegen eine festgesetzte Summe Geldes auf seine sämmtlichen Ansprüche verzichtete, die er gegen den Erzbischof Werner auf den sogenannten Bachgau erhoben hatte und sich sogar noch anheischig machte, wenn die Brüder Philipp II. und Werner I. während Jahresfrist die mainzer Kirche wegen allerlei Anforderungen belästigen würden, er beide Theile friedlich auseinander zu setzen trachten werde[74]). Nach Verlauf von zwei Jahren gestatteten aber die genannten Brüder dem Kloster Eberbach die Schafweide in einigen genau bezeichneten Distrikten[75]).

Konrad von Schönburg bestätigte 1282 die durch seine Mutter an die Herren von Falkenstein geschehene Uebergabe ihres Antheils an der münzenberger Verlassenschaft[76]), deren wir oben Erwähnung gethan haben, und das Pfarrsatzrecht des Gotteshauses in Ginsheim traten Werner von Boland und unser Philipp II. im folgenden Jahre gemeinsam dem Nonnenkonvente Padenhausen erb- und eigenthümlich ab[77]). Welchen edlen Charakter eben dieser Philipp II. hatte und welche Gewissenhaftigkeit sowol ihn, als auch seine Gemahlin Gisela beseelte, entnehmen wir aufs augenscheinlichste aus einem Aktenstücke vom Jahre 1285, vermöge dessen sie ihres Seelentrostes willen der mainzer Kirche ihren Zehnten in Hillesheim schenkten und zwar aus dem Grunde, dass, wenn die falkensteiner Zollbeamten zu Kaub jemanden zuviel Zoll abnehmen

---

[73]) Acta sunt hec ao. Dni. 1277 in die beate Lucie Virginis et Martiris. Daselbst V, 765, Nr. 13.

[74]) Datum ao. Dni. 1278, tercio Kal. Julij. Daselbst I, 764, Nr. 352.

[75]) Datum Ao. Dni. 1280 mense April. Das. V, 766, Nr. 14.

[76]) Datum Ao. Dni. 1282 decimo Calendas Septembris. Grüssner's dipl. Beiträge III, 203.

[77]) Anno 1283 sexto. Idus Februarij. Gudeni Codex dipl. mogunt. V, 769, Nr. XVI.

würden, dann die Kirche in Mainz das zuviel und unrecht-
mässig Abgenommene aus den Einkünften jenes Zehnten wieder
ersetzen oder vergüten sollte, damit ja ihre Gewissen durch
solche Ungerechtigkeiten nicht belastet w e r d e n m ö c h t e n [78]).
Die Brüder Heinrich und Hildebrand, Marschälle von Pappenheim, verkauften 1286 den ihnen durch ihre Grossmutter Hedwig zugefallenen Antheil an der Herrschaft Münzenberg, nämlich zu Assenheim, Hayn und Königstein sammt allen möglichen
An- und Zugehörungen ihren falkensteiner Verwandten Philipp II. und Werner I. und begaben sich zugleich aller ferneren
Ansprüche auf diese B e s i t u n g e n [79]). Endlich verzichteten
noch 1288 Adelheid von Hanau nebst ihrem Sohne Ulrich auf
ihre Forderungen, die sie an die soeben erwähnten Brüder
wegen des pappenheimer und schönburger Theils an Münzenberg, Assenheim und zu dem Hayn machen oder haben könnten, sowie auch auf ihre Ansprüche an Königstein und behielten
sich nur den sechsten Theil des münzenberger Erbes vor, wie
solcher bei der Theilung an sie g e k o m m e n [80]) sei. Auf
solche Weise hatten also unsere falkensteiner Herren nach und
nach den grossen münzenberger Nachlass bis auf den hanauer
sechsten Theil rechtmässig und eigenthümlich an sich gebracht.
Sie waren demnach reich und mächtig an Gütern und Besitzungen.

Im folgenden Jahre veräusserte der Reichskämmerer Philipp II. unter der Mitwirkung seiner Gattin Gisela und ihrer
Erben an das Kloster Padenhausen einen Wald um 40 Mark
kölner H e l l e r [81]). Einige Monate später theilte er das Dorf
Bischofsheim bei Bergen mit seinem Bruder Werner I. und

---

[78]) Actum et datum Maguncie in crastino bti. Martini Episcopi Ao. Dni. 1285. Daselbst I, 817, Nr. 385.
[79]) Acta sunt haec in Hagnovia Ao. Dni. 1286. Grüssner's
diplomat. Beiträge III, 205.
[80]) Der Brif ist gegeben nach Gottes Geburte 1288 an S.
Elisabethen Tag zu Assenheim. Daselbst III, 207.
[81]) Datum apud Hagin (Hayn zur Dreyeich) in festo sce Sco-
lastice Ao. Dni. 1289. Gudeni Cod. dipl. mog. III, 765, Nr. 498.

zwar jedem zur Hälfte[82]). Zu grösserer Sicherheit stellten 1290 die oben erwäbnten pappenheimer Brüder nebst ihren Hausfraucn einen abermaligen Verzichtbrief aus auf ihren Antheil an Münzenberg, Assenheim, Hayn, Königstein und Babenhausen[83]). Das nämliche wiederholten auch die beiden Ehegenossinen derselbcn, Elisabetha und Guda, noch in einer besonderen Verschreibung[84]). Philipp II. hatte langjährige Irrungen mit den Edeln von Heussenstamm, eines Waldes in der Dreieiche und des Dorfes Sprendlingen wegen, die jedoch 1291 durch Schiedsrichter, aber zu seinem Nachtheile geschlichtet wurden[85]). Zum letztenmale finden wir denselben als Vermittler in einer Rachtung des Landgrafen Heinrich von Hessen mit dem Erzbischofe Gerhard von Mainz. Nach solcher ehrenvollen Handlung[86]), welche zugleich das grosse Vertrauen der Falkensteiner beurkundet, muss er bald hernach sein Dasein geendigt haben, indem er 1295 nicht mehr unter den Lebenden gefunden wird.

Seine schon mehrmals erwähnte Lebensgefährtin hiess Gisela, deren Familiennamen wir zwar nicht kennen, sondern nur so viel wissen, dass sie eine Verwandte des pfälzer Kurfürsten Ludwigs II. oder des Strengen war[87]). Vom Jahre 1266 bis 1285 kommt sie in giltigen Documenten vor. Sie gebar ihrem Gemahle vier Kinder, zwei Söhne und ebenso viele Töchter,

---

[82]) Datum et actum apud Minzenborg in vigilia Sancti Viti Ao. dnice. Incarnacionis 1289. Daselbst V, 773, Nr. 21.

[83]) Datum anno Dni. 1290 in vigilia beati Martini Episcopi. Grüssner's diplom. Beiträge III, 209.

[84]) Datum anno Dni. 1290, VIII Idus Novembris. Daselbst III, 210.

[85]) Diss geschach nach Gottes Geburt etc. 1291 ann dem ersten Montag vor vnnser Frauwentag alss man Kertzen in die Hand nimpt. Gudeni cod. dipl. mog. V, 774, Nr. 22.

[86]) Datum apud Fritslariam pridie Kal. Februarij, Ao. Dni. 1293. Daselbst I, 869, Nr. 411.

[87]) In dem oben bemerkten Kaufbriefe über Caub von 1277 sagt jener Kurfürst: per mannum et consensum uxoris sue Gisele, consanguinee nostre etc.

nämlich Ulrich und Philipp III., von welchen wir sogleich handeln werden, und dann noch Elisabetha und Gisela. Jede derselben war zweimal vermählt und zwar jene zuerst an Gottfried von Brauneck und darauf an Herrn Reinhart von Westerburg[88]), diese aber hatte zum ersten Eheherrn den Grafen Reimbold v. Solms[89]) vor 1308, und zum zweiten den Herrn Arrosius von Breuberg[90]) seit 1313.

c. Philipp III. von Falkenstein und sein Bruder Ulrich.

Dieser Ulrich kommt bereits im Jahre 1287, jedoch unter dem sonderbaren und merkwürdigen Umstande vor, indem der deutsche König Rudolf I. die Erklärung ausstellte, derselbe sei von edler Herkunft, was der Erzhirte von Mainz bekräftigte[91]), wiewol dies vielleicht nur eine Verwechslung mit einem münzenberger Reichsdienstmanne, namens Ulrich, gewesen sein mag, denn unser falkensteiner Ulrich erkaufte, vermuthlich uns Jahr 1295, nebst seiner Ehegattin Adelheid von dem Kloster Dalheim einige Güterstücke zu Offenbeim für 9 Mark[92]). Er bestätigte auch mit seinem Bruder Philipp III. 1296 die durch ihren seligen Vater und ihre noch lebende Mutter Gisela der Abtei Arnsburg gemachten, jährlich zu 5 Mark Heller angeschlagenen Schenkungen, und beide verordneten zugleich, diese Einkünfte sollten von nun an in jedem Jahre zur Verbesserung des Klostertisches angewendet werden, wofür aber die Mönche ihrer Aeltern Jahrgedächtnisse andächtiger abzuhalten hätten[93]). In demselben Jahre treffen wir beide abermals in einem Entscheide zwischen denen von

---

[88]) Aus handschriftlichen Nachrichten.
[89]) Gudeni Cod. dipl. mog. IV, 1004, nota ad Nm. 125.
[90]) Datum Ao. Dni. 1313 Kal. Maij. Daselbst III, 87, Nr. 69 und Joannis Spicileg. tab. literar. veterum 398.
[91]) Würdtwein subsidia diplomat. nova V in praef. pag. V.
[92]) Gudeni Cod. dipl. mog. V, 779, Nr. 25.
[93]) Actum ante portam dicti Monasterij et datum Ao. 1296. In vigilia Epiphanie Domini. Daselbst III, 1182, Nr. 715.

Heussenstamm und den Bewohnern des Dorfes S p r e n d -
l i n g e n [94]).

Der Erzbischof Gerlach von Mainz bezeugte im Jahre 1299:
die falkensteiner Brüder Ulrich und Philipp, seine Blutsfreunde
(allem Vermuthen nach von mütterlicher Seite), hätten in seiner
Gegenwart der Wittwe Werners Rode von Rüdesheim, namens
Katharina, die der Sankt Viktorskirche zu Mainz gegenüber
liegende Rheininsel zu lebenslänglicher Benützung lehensweise
übertragen, jedoch vorbehaltlich eines Drittheils des Ertrages
derselben an Heu und Holz [95]). Ulrich war indessen im folgenden Jahre und zwar ohne Leibeserben zu hinterlassen aus
dieser Zeitlichkeit geschieden: denn die Aebtin von Padenhausen
gestattete 1300 dem Philipp III. die von seinem verlebten Bruder Ulrich mit seiner Zustimmung verpfändeten Einkünfte mittelst 24 Mark kölner Pfenninge wieder an sich lösen zu dürfen [96]). Und also vereinigte derselbe nach diesem Todesfalle
diejenigen Güter und Besitzungen, die sein Vater aus der
Theilung erhalten hatte, wieder unter seiner alleinigen Verwaltung.

Die zwei getrennten Linien im falkensteiner Geschlechte
besassen Münzenberg, sowie sonst noch gar vieles andere in
Gemeinschaft und handelten auch öfters gemeinsam. So
erkauften Philipp III. und IV. 1302 von ihren Verwandten
Gottfried und Konrad von Bickenbach die denselben bisher noch
zuständigen Güter und Gefälle zu Assenheim [97]), und im
nächstfolgenden Jahre überliess König Albrecht die durch seinen Vater Rudolf I. dem Ulrich von Hanau versetzten Juden
zu Münzenberg, Assenheim und Nidda jenen beiden falken-

---

[94]) Actum et datum Ao. Dni. 1296, feria sexta proxima ante
festum Pentecostes. Ibidem V, 780, Nr. 26.

[95]) Datum apud Walthassen et actum Ao. Dni. 1299, IIII Nonas Julij. Daselbst V, 783, Nr. 28.

[96]) Datum Ao. Dni. 1300, omnium Sanctorum festo. Daselbst
V, 784, Nr. 29.

[97]) Datum anno Dni. 1302, in crastino beati Martini Episcopi
hyemalis. Daselbst V, 784, Nr. 30.

steiner Herren um die nämliche Pfandsumme [98]). Nach
Jahresfrist verlieh aber der Abt Heinrich von Fulda den von
seiner Kirche zu Lehen rührenden Zehnten in Hofgülle den
edeln Herren Philipp dem älteren (IV.) und dem jüngeren (III.)
zu eigen gegen eine Entschädigung von jährlich 90 Malter Korns
aus ihren eigenthümlichen Gütern zu Budensheim. Jedoch mussten beide am nämlichen Tage deshalb jenem Prälaten noch einige Güterstücke zu Lehen auftragen [99]). Es ist nicht bekannt, aus welcher Veranlassung der Reichskämmerer Philipp III.
nebst seiner Ehefrau Adelheid, sowie auch mit der Zustimmung
Philipps IV. und dessen Sohnes Werner seinen Antheil an dem
Hofgüller Zehnten jenem Abte von Fulda im Jahre 1304 um
280 Mark Silbers käuflich einräumte [100]). Von der Wittwe
Adelheid von Heussenstamm erkaufte jener Philipp III. 1305
einen ihr zum Witthum angewiesenen Wald [101]), allein dagegen
veräusserte derselbe in Verbindung mit seiner Gattin und unter
der Einwilligung seines Verwandten Philipps IV. im Jahre 1310
an den Propst und den Konvent zu Ilbenstadt seinen eigenthümlichen Wald, Forst genannt, bei Benstadt [102]).

Mehrere Jahre darauf (1313) ereignete sich etwas merkwürdiges in unserer Familie, woraus zugleich hervorgeht, in
welchem innigen freundschaftlichen Verhältnisse die beiden ge-
schiedenen falkensteiner Linien wieder mit einander lebten. Wir
haben nämlich bereits früher vernommen, das Reichskämmereramt hätte jederzeit dem erstgeborenen dieses Geschlechtes oder
vielmehr dessen ältester Linie allein erblich zugestanden, aber

---

[98]) Datum in Franckford Ao. Dni. 1303. Indictione prima,
VI nonarum Maij, regni vero nostri anno quinto. Daselbst V,
785, Nr. 31.

[99]) Datum ao. Dni. 1304, II Idus Aprilis. Daselbst IV, 988,
Nr. 111 und V, 788, Nr. 34.

[100]) Datum Ao. Dni. 1304, in prima Dominica post Octavam
Penthecostes. Daselbst IV, 989, Nr. 112.

[101]) Dirre Brif wart gegeben nach Gottes Goborten, alse man
zelet 1305 an sante Vitalis Tage. Daselbst V, 789, Nr. 35.

[102]) Datum et actum Ao. Dni. 1310 in die bte. virginis Margarete. Daselbst III, 60, Nr. 47.

Philipp III. machte auch seinen Verwandten Philipp IV. und dessen Erben solcher Würde und dieses Amtes theilhaftig, indem er folgendes festsetzte: wenn beide zu gleicher Zeit am königlichen Hofe anwesend seien, so solle Philipp III. das Kämmereramt versehen; würe jedoch nur sein Vetter Philipp IV. allein daselbst gegenwärtig, so möge er dasselbe verwalten; die mit der Reichskämmerei verknüpften Gefälle und Nutzniessungen sollten aber von beiden zu gleichen Theilen bezogen werden, sie möchten nun beide, oder auch nur einer von ihnen am königlichen Hofe zugegen sein. Jedoch wurde endlich noch bestimmt: die Nachkommen Philipps III. müssten bezüglich jener Würde stäts den Vorrang vor denen Philipps IV. haben [103]). Wie schön und wie einträchtig gehandelt, wiewol diese letztere Vorsicht überflüssig wurde, weil die Linie Philipps III. mit demselben wieder erloschen ist. Eben aus diesem Grunde gestattete auch der mainzer Erzhirte Peter nach Monatsfrist und zwar auf Anstehen Philipps IV., die Gattin Philipps III. oder des jüngeren, Adelheid und ihre Töchter sollten, falls jene keine männlichen Erben mehr erhalten würde, die von dem Erzstifte Mainz zu Lehen gehenden Stücke, nämlich Hechtsheim, Weissenau und Vilzbach mit allen Zubehörden, sowie auch einen Hof in Langen und den Wald Kobushart, kurz sämmtliche mainzer Lehen als Wittwe erhalten und lebenslang zu geniessen haben [104]). Im folgenden Jahre erblicken wir unseren Philipp III. als Bürgen in der Eheberedung des Grafen Friedrichs von Veldenz mit Blanzeflor von Spanheim [105]).

Wir haben schon einigemal der Familie von Heussenstamm erwähnt, sowie auch des durch unseren Falkensteiner von derselben erkauften Waldes, mit welchem er aber erst 1317 durch

---

[103]) Actum Ao. Dni. 1313 tertio Idus Septembris. Daselbst III, 93, Nr. 74.

[104]) Datum Aschaffenburg Ao. Dni. 1313 VI Idus Octobris. Daselbst V, 793, Nr. 38.

[105]) Dit geszach da man zalte etc. 1314 iare an dem sundage vor halftuasten. Acta Acad. Theod. pal. IV, 358, Nr. IX.

den König Ludwig belehnt wurde[106]). Im Jahre 1321 trug auch Philipp III. der Stadt Mainz wegen der ihm von den Bürgern treugeleisteten Dienste einen in der Urkunde näher bezeichneten Distrikt bei jener Stadt gegen Vilzbach hin sammt der Gerichtsbarkeit darüber zu Lehen auf, wobei er sich und seinen Erben nur die dem falkensteiner Hause schon lange zuvor zugestandene Führe über den Rhein bei Weissenau vorbehielt[107]). Da aber diese Gegenstände von dem dasigen Erzstifte lehenbar waren, so machte sich unser Herr zugleich anheischig, die Genehmhaltung des mainzer Prälaten für die Stadt auswirken zu wollen[108]).

In welcher Verbindung die Herren von Falkenstein damals mit den Reichsstädten Frankfurt, Friedberg, Wetzlar und Gelnhausen (über welche drei letzteren wetterauischen Städte sie allerdings im vorhergehenden Jahrhunderte königliche Vögte gewesen waren[109]) standen, ist uns nicht genau bekannt. Jedoch wissen wir soviel, dass sie jährlich gewisse Geldbezüge von denselben zu erhalten hatten, daher Ludwig der Bayer im Jahre 1321 seinem Landvogte in der Wetterau, Eberhart von Breuberg, befahl, die Steuern in jenen vier Städten einzutreiben, seinen ihm daran gebührenden Antheil zurückzubehalten, den Rest aber an die Herren Philipp den älteren und den jüngeren von Falkenstein, an Gottfried von Eppenstein und Ulrich von Hanau auszuhändigen[110]). In demselben Jahre entschied Philipp III. noch eine Irrung zwischen dem Grafen Gerlach von Nassau

---

[106]) Datum in Heidelberch XVII Kalend. Decembr. Anno Dni. 1317. Regni vero nostri Anno Tercio. Daselbst V, 796, Nr. 41.

[107]) Actum et datum Ao. 1321 Sabbato post Epiphaniam Domini. Daselbst III, 191, Nr. 139. Würdtwein subsid. dipl. nova III, 84, Nr. 20.

[108]) Actum et datum Ao. Dni. 1321 sabbato proximo post Epiphaniam Dni. Würdtwein cit. l. III, 86, Nr. 21.

[109]) Zum Beispiel im J. 1261 Philipp v. Falkenstein und Philipp v. Hohenfels. Trithemii Chron. hirsaug. I, 606. Hontheim historia trevirens. diplom. I, 832, Note c. etc.

[110]) Datum Monaci in die B. Mathie Apostoli regni nri. anno septimo. Joannis Spicileg. tab. et literar. veterum 413, Nr. 25.

und dem ebengenannten Herrn Gottfried von Eppenstein und
zwar so, dass beiden nicht erlaubt sei, die eigenen Leute des
anderen zu Bürgern aufzunehmen [111]). Nach Verlauf von drei
Jahren war unser Falkensteiner Beisitzer des sogenannten Königs-
gerichtes zu Kaiserslautern und besiegelte ein Urtheil desselben über
die Rechte der Abtei Otterburg in Erlenbach und Moorlautern [112]).
1327 machte derselbe einen Tausch mit dem Domkapitel in
Mainz über die Kirchen zu Bensheim und Nauheim [113]). Wir haben
schon vorhin erwähnt, Philipp III. hätte von den Edeln von Heussenstamm einige Waldungen erworben und bezüglich dieses Kaufes
finden wir ausser manchen anderen Urkunden, in denen derselbe als Zeuge erscheint, noch ein Dokument vom Jahre 1333,
worin die Schwestern Lucard, Dorothea und Schonetta von
Heussenstamm auf ihre Ansprüche und Rechte an jene Wälder
zu Gunsten des Käufers verzichteten [114]). Endlich treffen wir
denselben nochmals im folgenden Jahre in einer Anordnung
mit seinem Neffen Luther von Isenburg über die Gewälde und
Marken von Hohenweisel und Kleeberg [115]). Sonst finden sich von
diesem Reichskämmerer keine Nachrichten mehr vor, indem er
im Jahre 1335 starb und, weil er keine männliche Nachkommen hatte, seine Linie beschloss.

Zu seinen Ehefrauen hatte er zuerst die Gräfin Else von
Ziegenhain 1299[116]), dann Adelheid und endlich Johanna (deren

---

[111]) Dirre Brieff ist gegebin an dem ersten Mantag vor den
Aposteln Dag Symonis et Jude 1321. Scnckenberg selecta juris
et historiarum II, 309, Nr. 2.

[112]) Geben etc. 1324 am Tage nach Marien Kerzweihe. Otterburger Urkundenbuch 342, Nr. 393.

[113]) Datum anno dni. 1327, VI Kal. Januar. Codex perg. mogunt. III, f. 146 b. im kgl. Reichsarchive zu München.

[114]) Der wart gegeben, da man zalte nach Krystis Geburthe
1333 an santhe Johannis Dage alse dem Korn dy Worzel brichyt.
Gudeni cod. dipl. mog. V, 804, Nr. 50.

[115]) Dit geschach da man zelte nach Christes Geburte 1334
an dem andern dage nach Sante Pancracien Tage des Mertelers.
Ibidem V, 804, Nr. 51.

[116]) Wenck's hessische Landesgeschichte III, Urkunde Nr. 173.

beider Stammesnamen jedoch unbekannt sind) erwählt. Letztere
stiftete 1346 ihr und ihres seligen Gemahls Philipps III. und
aller ihrer Altvordern Jahrgedächtnisse mit Vigilien, Messen
u. s. w. in der Kirche der Burg zum Hayn auf den achten Tag
vor Michaelis[117]. Mit einer dieser Gemahlinen hatte er indessen
nur eine Tochter gezeugt namens Elisabetha, die an den Herrn
Gerlach v. Limburg verheiratet ward und welcher der Erzbischof Wilhelm in Köln den Witthumsgenuss des kölner Lehens
zu Seckbach im Jahre 1357 zuwendete[118].

d. Werner I. von Falkenstein.

Da die durch Philipp II. gegründete Linie mit seinem
Sohne Philipp III. wieder erloschen ist, so wollen wir nun die
Geschichte von des ersteren Bruder Werners I. nachholen.
Dieser war indessen glücklicher als jener in der Fortpflanzung
seines Stammes, indem seine Nachkommenschaft in zwei Linien
fortblühete bis zu Ende des zweiten Jahrzehntes im fünfzehnten
Jahrhunderte und manchen gewichtigen und merkwürdigen
Mann erzeugte. Ausser dem was bereits oben von Werner I.
angemerkt, als er gemeinsam mit seinem Bruder handelte, ergeben sich folgende hauptsächliche Nachrichten aus seinem
Leben. Er kommt seit dem Jahre 1259 in vielen Urkunden in
Verbindung mit dem ebengenannten Philipp II. vor, indem die
beiden Linien unseres Hauses, wie schon bemerkt, sich damals
noch nicht so völlig und ängstlich von einander geschieden
hatten, denn schon der gemeinschaftliche Besitz vieler Güter
bedingte stäts eine nähere Freundschaft und ein innigeres Zu-
sammenleben. Wir finden denselben zuerst 1272 als Bürgen in
einer Eheberedung zwischen Robin von Covern und Elisabetha
von Eppenstein[119].

---

[117] Datum Ao. Dni. 1346 ipsa die Kyliani martiris. Gudeni
cod. dipl. mogunt V, 810, Nr. 56.
[118] Datum Rolandsecke ipso die Epiphanie Anno Domini 1357.
Gudeni cod. dipl. V, 819, Nr. 65 und Wenck's hessische Landesgeschichte I, cod. probat. 319, Nr. 412.
[119] Datum et actum apud Covernam Ao. Dni. 1272 feria
quinta post diem B. Urbani. Hontheim historia trevirensis diplom.
I, 793, Nr. 541.

Pfalzgraf Ludwig II. bekannte 1273, er habe die Grafschaft in der Wetterau, womit die Brüder Philipp II. und
Werner I. von ihm belehnt waren, auf ihre Bitten der Ehefrau
des letzteren dergestalt zu Lehen verliehen, um dieselbe als
Witthum zu geniessen [120]). Im folgenden Jahre bezeugte König Rudolf I., jener Pfalzgraf sei vor ihm erschienen, um die
Eheschenkung zu bestätigen, welche der nämliche Werner I.
seiner Mathilde in der von Kurpfalz zu Leben rührenden Grafschaft Nuringes gemacht hätte [121]). Dann befand sich derselbe
1273 bei eben diesem Monarchen in Speier, als derselbe die
Privilegien jener Reichsstadt erneuerte [122]). Um die nämliche
Zeit bezeugte Werner I. auch den Schutzbrief Rudolfs I. für
das Kloster in der Burg zu Kaiserslautern [123]). Im Jahre 1275
traf er einen Tausch mit dem Vorsteher des Deutschordens-
hauses zu Frankfurt bezüglich der Kirche zu Breungesheim und
der Kapelle zu Rödelheim, wodurch ihm das Patronat der letzteren mit allen Einkünften und Gerechtsamen zufiel [124]). Im
nämlichen Jahre verkaufte er in Uebereinstimmung mit seiner
Gattin Mathilde von Dietz dem Cisterzer Nonnenkloster Marienborn oder Weidas seine eigenen Güter zu Bettenhausen für
33 Mark [125]).

Werner I. und seine Schwester Guda, die Wittwe Konrads
von Bickenbach, gaben 1283 ihre Einwilligung, als die beiden
Söhne der letzteren dem Erzbischofe Werner von Mainz die

---

[120]) Datum Colonie Ao. Dni. 1273 Kal. Novembr. Fladt's
lehenherrliches Recht über die Cometia in der Wetterau, p. 18.
[121]) Datum Nurenberg Ao. Dni. 1274 Indict. tertia Regni vero
nostri Ao. secundo. Daselbst Seite 18 und 19.
[122]) Datum apud Spiram. Acta sunt hec Ao. Inc. Dnice. 1273
III Id. Decembr. Orig. im Archive der Stadt Speier, Nr. 11, auch
bei Chr. Lehmann Chron. spir. fol. 561 (unrichtig).
[123]) Datum Haganogiae Ao. Dni. 1274 Nonas Maij Ind. II
Regni nri. primo. Schannat hist. ep. wormat. II, 137, Nr. 159.
[124]) Datum apud Seligenstadt Ao. Dni. 1275 II Nonas Januarij. Gudeni cod. dipl. mogunt. IV, 928, Nr. 54.
[125]) Acta sunt hec Anno Domini 1275. Daselbst V, 761,
Nr. 9.

ihnen zustehende Hälfte an der Vogtei Gernsheim, welche
früher ebenfalls zu den falkensteiner Besitzungen gehört hatte,
zustellten [126]). Seine ebenerwähnte Gemahlin war 1289 nicht
mehr unter den Lebenden, denn in diesem Jahre erklärte
Werner I., er hätte unter der Bewilligung seiner beiden Söhne
Philipp und Kuno und seiner Tochter Isengart die ihm aus
dem Armenspitale bei Frankfurt von Gütern in Rödelheim zustehende Rente von 6 Pfund Wachs zur Ehre Jesu und dessen
Mutter Maria, sowie zu seinem und seiner seligen Mathilde
ewigem Heile der Abtei Arnsburg eigenthümlich zugewiesen
und übergeben, damit jene Gefälle jährlich zur Beleuchtung
des Hochaltares in der Klosterkirche bei Messen verwendet werden sollten [127]). Im nämlichen Monat veräusserte derselbe auch
mit der Zustimmung seiner Kinder Philipp, Kuno und Isengart
nebst dem Ehemanne der letzteren, Sifrid von Eppenstein, gleichwie sein Bruder Philipp I. 1277 gethan, dem pfälzer Kurfürsten
Ludwig II. für 80 kölner Mark seine sämmtlichen Güter und
Gefälle zu Kaub, Weisel u. s. w., jedoch mit dem Vorbehalte
von 3 Fuder Weines jährlicher Gilte. Zur selben Stunde mussten
seine Kinder und Erben zugleich auf alle verkauften Gegenstände feierlich Verzicht leisten [128]). Im folgenden Jahre aber
schenkte derselbe Herr dem St. Stephansstifte zu Mainz wiederholt Güterstücke zu Büdesheim, um dafür das Jahrgedächtniss
seiner theuern Mathilde standesgemäss begehen zu können [129]).
Hieraus leuchtet abermals seine Liebe und Anhänglichkeit an
die zu frühe Verblichene hervor.

Im Jahre 1291 bestätigte Erzbischof Gerhart von Mainz (ein
geborner von Eppenstein, daher er auch unseren Falkensteiner

---

[126]) Acta sunt hec apud Walestad Ao. Dni. 1283 III Idus
Februarij. Daselbst II, 228, Nr. 178.

[127]) Datum et actum Ao. Dni. 1289 in die bte. Margarete
virg. et martiris. Daselbst III, 1170, Nr. 704.

[128]) Beide Urkunden sind an einem Tage ausgestellt: Actum
et datum Moguntie ao. dni. 1289 XIIII Kal. Augusti. Orig. im
herz. nassauischen Archive zu Idstein.

[129]) Actum et datum ao. Dni. 1290 VI Kalend. Marcij. Joannis rerum moguntiac. II, 541, Nr. 623.

ausdrücklich seinen Verwandten nennt) die durch denselben
geschehene Schenkung der Kirche in Amena an die Brüder des
Antoniterhauses zu Grünberg, wogegen sich letztere verbindlich machten: zwei aus ihren Brüdern, welche Priester seien,
sollten die Kapelle in der Burg Münzenberg versehen, in der
darunter gelegenen Stadt wohnen, sowie auch aus den Einkünften jener Kirche besoldet werden [130]). Im nämlichen Jahre
erscheint Werner I. nochmals als Zeuge in einer Verschreibung
seines mainzer geistlichen Vetters [131]). Weil nun derselbe bisher gewöhnlich unter der Benennung Herr von oder zu Münzenberg vorkommt, so ist es eine ausgemachte Sache, wie wir
auch schon früher behauptet, dass der ältere Bruder in dem
Besitze des Falkensteines war, beständig daselbst seinen Wohnsitz hatte und auch das Reichskämmereramt verwaltete. Der
König Rudolf I. hatte mehrmals Zwistigkeiten mit den Grafen
Diether und Eberhart von Katzenelnbogen wegen der Fischwasser bei Oppenheim, bis endlich beide Theile unseren Werner I.
zum Schiedsrichter wählten, der dann auch, jedoch erst nach
dem Tode jenes Monarchen im Jahre 1293 den Grafen zufolge
einer höchst umsichtigen Untersuchung den streitigen Gegenstand zum erblichen Besitze zusprach [132]). Dieser Spruch ist
vom König Adolf von Nassau 1297 vidimirt und bestätigt [133]).
Von der Vorsorge und Umsicht Werners I. zeugt ein
merkwürdiges Aktenstück von 1294, in welchem er als Herr
zu Münzenberg und damit später unter seinen Kindern wegen
der Theilung ihres Erbes keine Uneinigkeit oder Unfrieden
entstehen möchte, bezüglich der vier Burgen Münzenberg,

---

[130]) Datum apud Novam domum V Idus Januarij Ao. Dni.
1291, Pontificatus vero nostri anno secundo. Gudeni Codex dipl.
mog. I, 845, Nr. 398.
[131]) Datum et actum apud villam Eschebach inferiorem XII
Kal. Marcij. Ao. Dni. 1291. Daselbst I, 849, Nr. 399.
[132]) Datum Ao. Dni. 1293 feria quarta post festum S. S. Apostolorum Petri et Pauli. Daselbst V, 778, Nr. 24.
[133]) Datum ao. dni. 1297 Non. Nov. et datum in Wisebaden
IV Id. Nov. regni vero nri. ao. VI. Kuchenbecker's Analecta hassiaca Coll. II, 240 etc.

Assenheim, Hayn und Königstein dasjenige genau von einander schied, was daselbst und bei deren Zubehörden eigenes Gut sei und was Lehen [134]). Vermuthlich besass derselbe jene Vesten nicht allein, sondern noch manche dazu zählende Güter in Gemeinschaft mit seinem Bruder. Zugleich erkennen wir daraus wieder aufs bestimmteste, der letztere habe die Herrschaft Falkenstein am Donnersberge allein besessen, weil in dem vorhin angeführten Dokumente von derselben auch nicht die leiseste Erwähnung geschieht. Zum letztenmale finden wir unseren Werner in Thätigkeit, als er nebst seinem Sohne Philipp mit seinem Verwandten Ulrich von Hanau 1298 einen Vertrag wegen des Patronatsrechtes in Markebel errichtete [135]). Nicht lange hernach scheint er aus dieser Welt geschieden zu sein. Zur Lebensgefährtin hatte er sich schon im Jahre 1266 die Gräfin Mathilde von Dietz erwählt, welche jedoch bereits am 3. December 1288 den Weg alles Fleisches gegangen. Kinder bekamen sie drei, nämlich Philipp IV., Kuno oder Konrad I., den älteren geheissen, und eine Tochter namens Isengart, die Ehefrau Siegfrieds von Eppenstein.

e. Werners I. Söhne Pilipp IV. und Kuno I.

Wir wollen diese beiden Brüder, von welchen wir jenen schon häufig mit Philipp III. thätig gefunden haben, hier gemeinschaftlich auftreten lassen, obgleich jeder derselben eine besondere Linie in unserm falkensteiner Hause in's Leben gerufen. Nothwendiger Weise muss auch eine Theilung der Besitzungen vorausgegangen sein, die wir jedoch nicht mehr urkundlich nachzuweisen vermögen. Nachher werden wir jede Linie derselben besonders behandeln bis zum Erlöschen des falkensteiner Mannesstammes.

Philipp IV., der ältere geheissen, erscheint häufiger in Verhandlungen als sein Bruder Kuno oder Konrad, letzterer aber

---

[134]) Datum Ao. Dni. 1294 quarto Calend. Maji. Grüssner's diplomat. Beiträge III, 212 und Senckenberg in select. juris et histor. II, 597, Nr. VII.

[135]) Actum Moguntie Ao. Dni. 1298 undecimo Kal. Februarij. Gudeni Cod. diplom. magunt. V, 782, Nr. 27.

bereits 1296, da er das seiner ersten Gattin, Willeburgis von Bruchsal, aus dem Erbe des Grafen Heinrichs von Zweibrücken zugefallene Dorf Curnbach (wol Quirnbach) für 200 Mark feinen Silbers veräusserte [136]). Jener verkaufte 1300 dem Propste Werner und seinem Konvente zu Ilbenstadt seinen Hof in Budensheim für 100 Mark guter Pfenninge [137]). Im Jahre 1303 war er nebst dem Grafen Heinrich von Solms Schiedsrichter in einer Irrung zwischen den Grafen von Dietz und von Weilnau [138]), übergab im folgenden Jahre dem Pfarrer zu Mörsfeld den Zehnten in Budensheim und zu Guntheim gegen eine Lieferung von jährlich 50 Malter Korns, frankfurter Masses [139]). Zwei Jahre später erliess er aber gemeinsam mit einem seiner Söhne noch eine Entscheidung zu Gunsten des Klosters Hayn [140]). Mit seinem Verwandten, dem Grafen Gottfried von Dietz, traf er 1311 eine Uebereinkunft wegen der ihm verpfändeten drei Centen Steinfischbach, Kamberg und Nauheim mit allen ihren Einkünften und Gerechtsamen, die er demselben und seiner Gemahlin mit 1000 Mark kölner Pfenninge einzulösen erlaubte [141]).

Mehrere Pröpste aus der Wetterau stellten in dem nämlichen Jahre dem deutschen Könige Heinrich VII. eine Erklärung aus: es sei unwahr, als hätte der edle Herr Philipp von Falkenstein der ältere, als er im Dienste des Böhmenkönigs ausgezogen, ihre Klöster oder Güter bedrängt und belästigt. Damit verbanden sie zugleich die Bitte, er möge doch von dem

---

[136]) Datum Anno dni. 1296 jn die bti. Maximini epi. Karlsruher pfälzer Kopialbuch Nr. 192, Fol. 13 b.

[137]) Actum et datum Ao. Dni. 1300, in vigilia Apostolorum Petri et Pauli. Gudeni cod. dipl. mog. II, 296, Nr. 243.

[138]) Datum anno dni. 1303. Reinhard's kleine Ausführungen I, 110, Nr. 8.

[139]) Datum et actum Ao. Dni. 1304 VII Kalend. Februarij. Gudeni cod. dipl. V, 786, Nr. 32.

[140]) Datum Anno Dni. 1306 in vigilia Penthecostes. Daselbst III, 30, Nr. 23.

[141]) Datum Minzenberg anno dni. 1311 in vigilia Laurencij. Reinhard's kleine Ausführungen I, 120, Nr. 12.

gegen denselben eingeleiteten Verfahren abstehen [142]). Wie wir
bereits oben dargethan, verwaltete Philipp IV. seit 1313 das
Reichskämmereramt abwechselnd mit Philipp III. und legte
sich seitdem ebenfalls diesen Titel bei. Auch erhielt er im
vorhergehenden Jahre durch des Kaisers Heinrich VII. Gnade
die Grafschaft Nuringes, welche der Vogt in der Wetterau,
Eberhart von Breuberg, seither innegehabt hatte [143]). Eine
Urkunde des Abtes Johann von Arnsburg über die Trennung
der Pfarrei Hausen von derjenigen zu Lich lässt uns einen Blick
in die Familienverhältnisse Philipps IV. thun, denn darin kommen vor: Philipp der ältere von Münzenberg als Patron, sein
Sohn Otto als Rektor der Kirche zu Lich nebst Philipps Ehefrau
Mathilde, Gräfin von Ziegenhain, eine Enkelin der heiligen Elisabetha von Hessen und die Mutter jenes Otto, welcher wie
sein Vater seine Zustimmung zu der beabsichtigten Kirchen-
scheidung gab [144]). Uebrigens hatte letzterer seine Residenz
gröstentheils in Lich und legte sich auch davon den Namen
bei. Im Jahre 1316 erkaufte er von seiner Schwester, Frau
Isengart von Eppenstein, einige Dörfer nebst ihren Einkünften
bei Usingen und Friedberg um 800 Mark kölner Pfenninge [145]).
Im folgenden Jahre willigte derselbe übereinstimmend mit
seiner Mathilde in den von seinen Aeltern vollbrachten Verkauf
des halben Zehnten zu Hofgülle bei Münzenberg an den Kou-
vent in Arnsburg, wodurch seine Güter zu Erleubach von einem
jenem Kloster jährlich zu entrichtenden Pachte befreit wurden,
weil die andere Hälfte des erwähnten Zehnten durch Philipp III.
oder den jüngeren von Falkenstein vorher schon ebenfalls

---

[142]) Datum ao. dni 1311 in vigilia beatorum apostol. Symonis
et Jude. Ficker's Ueberreste des deutschen Reichsarchivs zu Pisa,
92, Nr. 74.

[143]) Datum Janue XI Kal. Februarij. Ao. Dni. 1312. Regni
vero nostri anno Quarto. Gudeni cod. dipl. mog. III, 69, Nr. 56.

[144]) Datum et actum Anno inc. Dom. 1315 Quarto Nonas
Marcij. Daselbst III, 116, Nr. 92.

[145]) Dit ist gescheen da man zalte nach Gots Geburte 1316
Jare an dem Dinstage nach Sant Mertinstage. Senckenberg selecta
juris et hist. II, 602, Nr. 8.

an Arnsburg übergeben worden war [146]). Einige Monate zuvor hatte er die Kirche in seiner Residenz Lich zu einem Stifte mit 10 Chorherren erhoben und dasselbe reichlich begabt. Dieser frommen Handlung ertheilte, der Erzbischof Peter zu Mainz seine oberhirtliche Zustimmung [147]). Philipp der ältere trug 1318 dem Abte von Fulda zu Lehen auf seinen Antheil an der Burg und Stadt Hayn sammt dem Orte Götzenhain, dann noch Güter zu Arheiligen und endlich seinen Theil an dem licher Forste [148]), wozu Philipp III. einige Wochen nachher ebenfalls seine Einwilligung gab [149]). Nicht lange darauf überliess die Aebtin des Cisterzerklosters Altenmünster zu Mainz unserem Philipp IV. das Dorf Kelsterbach gegen jährliche 18 Malter Korns in Gimsheim [150]). Noch im nämlichen Jahre errichteten derselbe und seine Gattin mit dem Grafen Johannes von Ziegenhain und dessen Ehehälfte Lucard einen wichtigen Vertrag über die Hälfte der Veste Rauschenburg und über eine Jahresrente von 100 Mark kölner Pfenninge, wobei Mathilde zugleich auf sämmtliche eigenen Erb- und Lebengüter ihres Eheherrn, sowie auch auf die jährlichen Einkünfte von 100 Mark in dem Dorfe Hohungen Verzicht leisten musste [151]). Für das Dorf Butzbach erhielt aber Philipp IV. durch den König Ludwig den Bayern 1321 die Rechte einer Stadt [152]).

Er starb den licher Nachrichten zufolge im Jahr 1322, denn seine Lebensgefährtin Mathilde trat im folgenden Jahre

---

[146]) Datum Ao. 1317 in die bti. Johannis Ewangeliste post Natales Domini. Gudeni cod. dipl. mog. IV, 1022, Nr. 140.

[147]) Datum Ao. Dni. 1317 XVII Kal. Augusti. Das. III, 148, Nr. 121.

[148]) Datum in Liechen sub testimonio sigilli mei. Ao. Dni. 1318 Calendas Februarij. Daselbst V, 797, Nr. 42.

[149]) Datum Ao. Dni. 1318 III Idus Martij. Das. V, 798, Nr. 44.

[150]) Datum Moguncie Ao. Dni. 1318 Nonas Aprilis. Daselbst 799, Nr. 45.

[151]) Actum et datum Ao. Dni. 1318 pridie Idus Octobris. Daselbst III, 156, Nr. 128.

[152]) Hessisches Archiv, Band I, Seite 26.

als Wittwe in verschiedene geistliche Brüderschaften und klösterliche Vereine [153]). Derselbe hatte zwei Ehefrauen und zwar vorerst bereits seit 1290 Mathilde von Eppenstein [154]), die jedoch 1303 starb, indem Philipp IV. verbunden mit seinem Sohne Werner in diesem Jahre mit seinem Schwager Siegfried von Eppenstein eine Uebereinkunft und Theilung wegen der eppensteiner und münzenberger Erbschaft [155]) errichtete. Seine zweite Gattin war die schon oft erwähnte Mathilde, eine geborene Landgräfin von Hessen, die zuerst an den Grafen Gottfried von Ziegenhain und dann nach 1305 an unsern Philipp IV. verheiratet war. Mit jener zeugte er drei Kinder, mit dieser aber nur einen Sohn, den obenangeführten Otto, der zum geistlichen Stande bestimmt wurde. Die Kinder erster Ehe hiessen Werner, dessen wir soeben gedacht und der überhaupt nur einigemal in Akten vorkommt, um dann wieder ganz zu verschwinden; der zweite Sohn, Kuno II. genannt, pflanzte die Linie fort. Endlich hatten sie noch eine Tochter namens Isengart, die Hausfrau Luthers oder Lothars von Jsenburg [156]).

Wir haben nun noch die spärlichen Lebensmomente des Bruders Philipp IV. namens Kuno I., des Gründers der jüngeren falkensteiner Linie nachzuholen, von welchem aber, wie eben gesagt, sehr dürftige Nachrichten vorhanden sind, indem er auch seinen Bruder nur um einige Jahre überlebte. Allen Vermuthungen zufolge erhielt er erst nach dem Hinscheiden des letzteren durch eine Theilung eigenthümliche Besitzungen, um eine besondere Linie stiften zu können, weil er in früheren Urkunden nicht als selbständiger Herr erscheint. Erst nach solchen Vorgängen bezeichnete er sich später mit dem Namen des älteren. Im Jahre 1324 ging er mit seinem Vetter Philipp III. oder dem jüngeren, Reichserbkämmerer von Falkenstein, die Verbindlichkeit ein, gegen den edeln Mann Herrn Reinhart von

---

[153]) Gudeni sylloge diplom. var. I, 646.

[154]) Joannis rerum moguntiacarum I, 625 b.

[155]) Datum ao. Dni. 1303 Kalendas Aprilis. Joannis Spicilegium tabb. et litterar. veterum 333, Nr. 31.

[156]) S. oben unter Philipp III. die Urkunde vom J. 1384, Nr. 51.

Westerburg und dessen Freunde keine Fehde beginnen zu
wollen, es sei denn, derselbe habe Unrecht, oder füge ihnen [157])
Schaden zu. Jenen beiden Herren hatte auch der Graf Walram von Nassau seinen Antheil an der Burg Kleeberg, sowie
das hüttenberger und gambacher Gericht für 1000 Mark Pfenninge verpfändet, deren Auslösung aber letzterer im Jahre 1324
dem Gottfried von Eppenstein gestattete [158]). Zwei Jahre darauf willigte Kuno I. in die Bewidmung des Weibes eines seiner
Vasallen [159]). Einige Monate später genehmigte er, die Bewohner des unter seiner Gerichtsbarkeit stehenden Dorfes Benstadt dürften in ihrer Ortskirche eine ewige Messe stiften [160]).

Derselbe war schon 1329 eine Beute des Todes geworden,
daher sich auch so wenige Nachrichten von ihm vorfinden. Zur
ersten Gattin hatte er, wie wir oben gehört, bereits im
Jahre 1296 Willeburgis von Bruchsal; die zweite, Johanna,
war eine Gräfin von Saarwerden, welche 1347 noch am Leben
und in diesem Jahre ihr Seelgerede in dem Kloster Padenhausen bestellte. Wann sie starb ist nicht bekannt [161]). Letztere
gebar ihm acht Kinder: drei Söhne und fünf Töchter, nämlich
Philipp V., des Vaters Nachfolger; der zweite, Kuno, war Erzbischof zu Trier, dessen merkwürdige und wichtige Lebensgeschichte wir in gedrängter Kürze besonders betrachten müssen;
dann noch einen Sohn Johannes, der eine grosse Thätigkeit
entwickelte. Einige behaupten, dieser hätte sich dem geistlichen Stande gewidmet und sei mit seinem Bruder Kuno in

---

[157]) Der wart gegeben da man zalte nach godis geburte etc.
1324 Jare an dem nechisten Suntage nach sente Barthelme tage.
Vom Originale.

[158]) Der wart geben da man zalte nach Gots Geburte etc. 1324
Jare darnach uff Sant Pancratius tag. Senckenberg Selecta juris
et historiar. II, 313, Nr. 4.

[159]) Datum Ao. Dni. 1326 VI Kal. Septembris. Gudeni codex
diplom. mogunt. III, 30, Nr. 28.

[160]) Actum et datum Ao. Dni. 1326 in die Conceptionis B.
Marie Virginis et gloriose. Daselbst V, 800, Nr. 47.

[161]) Der gegeben ist da man zalte nach Godes geborte etc.
1347 iare. Daselbst III, 784, Nr. 32.

das Domkapitel zu Mainz eingetreten [162]), welche Angaben wir weder zu behaupten noch zu verneinen vermögen. Indessen ist es aber wahrscheinlicher, er habe entweder später den geistlichen Stand verlassen oder stäts im weltlichen Stande gelebt und sei unvermählt aus der Zeitlichkeit geschieden. Wir begegnen demselben in Verhandlungen von 1340 an bis ins Jahr 1364; denn er war 1340 Mitsiegler des Erbvereines der Dynasten von Hunoltstein mit denen von der Fels [163]). 1341 bezeugte derselbe zwei Urkunden Gerharts von Hunoltstein für den König von Böhmen [164]); so auch zwei Jahre später (1343) einen Brief Wilhelms von Manderscheid über ein von dem nämlichen Monarchen empfangenes Lehen [165]). 1347 aber gelobte er nebst seinem Bruder Kuno: er sei mit Daniel von Langenau, sowie mit dessen sämmtlichen Helfern und Anhängern gesühnet wegen des Krieges, den sie lange Zeit gegen einander geführt hätten [166]). Im folgenden Jahre legte Kurfürst Ruprecht I. von der Pfalz eine Irrung des Grafen Walram von Spanheim mit Johannes von Falkenstein wegen des Dorfes Suffersheim bei [167]). Au dem nämlichen Tage entschied der Obmann Ritter Diether von Erlenbach einen Streit zwischen jenem Johannes und einem Adeligen wegen des Wehres im Heussenstammer Walde [168]). Zwei Jahre nach-

---

162) Gesta Archiep. trev. apud Martene Coll. amplissima etc. II, 431 et Broweri Annal. trev., fol. 235.

163) Gegeben etc. 1340 Dinsdages vor Symons vnd Juden dage der heyligin Aposteln. Hunoltsteiner Urkundenbuch von Töpfer I, 181, Nr. 221.

. 164) Beide ausgestellt: Datum Prage in die beati Kalixti pape ao. dni. 1341. Daselbst I, 186 und 187, Nr. 227 und 228.

165) Datum Lucemburch 1343 sabbato ante festum b. Symonis et Jude app. Daselbst I, 194, Nr. 238.

166) Der geben ist 1347 ipso die Decollationis bti. Johannis Baptiste. Gudeni cod. dipl. mog. II, 1110, Nr. 172.

167) Der geben wart etc. 1348. Ipso die Bti. Laurencij martiris. Karlsruher spanheimer Kopialbuch B, 74.

168) Datum Ao. Dni. 1348 in die sancti Laurencij martiris. Gudeni cod. dipl. mog. V, 813, Nr. 59.

her erfolgte ein abermaliger schiedsrichterlicher Spruch über denselben Gegenstand zwischen den Junkern Johannes und Philipp dem jüngsten von Falkenstein und zwischen den Ganerben [169]). Mit dem Beginne des Jahres 1351 schloss Herr Johannes eine Uebereinkunft mit dem Erzhirten Heinrich von Mainz wegen der Hofleute zu Ingelheim ab [170]), und war im September nebst seinem Bruder Kuno, damals Dompropst und Pfleger des mainzer Erzstiftes, Zeuge in einem Sühnbriefe des Rauhgrafen Philipp zu Neuenbaumburg mit dem Bischofe Gerhart in Speier [171]). Nach Verlauf von sieben Jahren entliehen Johannes von Westerburg und Kunigunde dessen Ehehälfte von ihrem lieben Oheim Johannes von Falkenstein 50 kleine Gulden, die sie ebenfalls auf das verpfändete Dorf und Gericht Dudenhofen schlugen [172]). 1361 finden wir einen Entscheid zwischen letzterem, Ulrich von Hanau und Junker Philipp von Falkenstein dem ältesten über die Mühle zu Münster [173]). Unser Johannes und sein Vetter Philipp der junge von Falkenstein versetzten im Frühling desselben Jahres dem Abte und Konvente zu Disibodenberg eine jährliche Korngilte von 9 Malter Korns und einen Hellerzins von 3½ Pfund, ruhend auf ihren Gütern in bretzenheimer Gemarkung, befreiten zugleich die daselbst gelegenen Klostergüter von allen Abgaben, Steuern und Diensten und nahmen auch diese Besitzungen in Schutz und Schirm, jedoch unter der Bedingung: wenn jene falkensteiner Herren die von der Abtei für solche Befreiungen erhaltenen

---

[169]) Datum in Indagine Ao. Dni. 1350, feria quarta post Luce Ewangeliste proxima. Daselbst V, 816, Nr. 62.

[170]) Der geben ist zu Eltuil des Dunnerstages nach sente Pauls tage als er bekart wart da man zalte etc. 1351. Würdtwein subsid. diplom. VI, 285, Nr. 87.

[171]) Geben etc. 1351 jare an sant Matheus abent des heiligen tzwolffbotten. Remling's speierer Urkdenbuch I, 588, Nr. 594.

[172]) Der gegeben ist da man zalte etc. 1358 des nehsten Donrestages noch dem heiligen Osterdage. Gudeni cod. dipl. mog. V, 820, Nr. 66.

[173]) Datum Ao. Dni. 1361 in vigilia Epiphanie Domini. Daselbst V, 822, Nr. 68.

600 Pfund Heller wieder zurückbezahlen würden, so sollten dann die verpfändeten Korngilten und Hellerzinse wieder „ledig vnd los, sowie auch die obgen. Friheit vnhelflich vnd zumale abe sin" [174]. Im folgenden Jahre errichtete Erzbischof Kuno zu Trier eine Sühne zwischen den Grafen von Saarbrücken und den Hunoltsteinern, welcher auch Johannes von Falkenstein „vnser libir Bruder", sagt jener Kuno, als Zeuge beiwohnte [175]. Endlich trug Kaiser Karl IV. 1363 dem Erzbischofe Gerlach in Mainz auf: das dortige Sankt Albansstift gegen die Beeinträchtigungen unseres Herrn Johannes bezüglich der bei Friedberg befindlichen geistlichen Güter desselben zu schützen und zu handhaben [176]. Am 26. September 1365 starb derselbe, ohne aber Erben zu hinterlassen [177].

Bertha, die älteste Tochter Kunos I., war zweimal vermählt und zwar zuerst an den Raubgrafen Heinrich, wie wir aus einem Dokumente vom Jahre 1329 entnehmen [178]. Allein nicht lange darauf ward sie von ihm geschieden und 1331 mit dem Herrn Reinhart von Westerburg verlobt, auch verheiratet und durch denselben auf Schaden bewidmet [179]. Im Jahre 1339 verpfändeten diese Eheleute mit ihrem Schwager und Bruder Philipp V. und dessen Hausfrau Else (von Hanau) ihren Theil am Dorfe Dudenhofen zur Dreieich für 100 Pfund Heller auf Wiedereinlösung [180]. Die übrigen Töchter hiessen Scho-

---

[174] Datum feria tercia post dominicam qua cantatur Oculi. Anno dni. 1361. Disibodenberger perg. Codex, fol. 133.

[175] Der gegeben ist zu Trire etc. 1362 Jare an sante Michels Abent. Kremer's Gesch. des ardennischen Geschlechts II, 500, Nr. 224.

[176] Geben zu Franckinfurt an Sente Agnetten tage, vnser Riche in dem XVII. vnd des Kaisertum in dem achten iarc. Joannis rerum mogunt. II, 770.

[177] Lucae Graven Saal 965. Seine Grabschrift lautet: Anno Dn. 1365 VII Kl. Octob. obiit Dn. Johannes de Falkenstein.

[178] Dirre brif ward gegebin do man zalte etc. 1329 Jare an Paffin vastnacht. Senckenberg Medit. de univ. jure etc. I, 76.

[179] Gudeni cod. dipl. mog. III, 133, Nota ** ad Num. 106.

[180] Nach Gots Geburte 1339 vff den nehesten Donrestag nach sancte Andreas Dage. Daselbst V, 815, Nr. 61.

netta, Margaretha, Katharina und Agnes, von denen die beiden
ersteren, wie aus dem obenangeführten Seelgerede ihrer Mutter
Johanna erhellt, bereits (1347) Nonnen in dem Kloster Padenhausen waren. Margaretha lebte noch 1370 und legirte ihrer Die-
nerin Adelheid für die ihr und ihrer seligen Schwester Schonetta
viele Jahre lang treugeleisteten Dienste ihr Hausgesäss zum
Hayn, welches ihrer verstorbenen Schwester Katharina zugehört hatte, nebst noch verschiedenen Gilten und Gefällen, aber
nur auf Lebensdauer. Nach deren Absterben sollten dann sowol das Haus als auch die Einkünfte der Frühmesse auf dem
Altare der heiligen Katharina in dem Hayn zu einem Seelgerede verfallen sein [181]). Die jüngste Tochter endlich, Agnes,
war an den Grafen Gottfried von Ziegenhain verheiratet [182]).
Wir werden nun zuerst die erheblichsten Thatsachen und
Nachrichten der durch Kuno II. und Philipp V. ins Leben ge-
rufenen zwei besonderen Linien, mit denen sich der boland-
falkensteiner Stamm endigt, erzählen und dann als Hauptglanzpunkt der falkenstein-münzenberger Geschichte eine Skizze der
sehr interessanten Lebensgeschichte des ausgezeichneten Erzbischofs und Kurfürsten Kuno zu Trier, und auf diese als
Uebergangspunkt zu dem gräflichen virneburger Stamme zum
Schlusse eine kurze Schilderung der wichtigsten Lebensmomente
des trierer Kurfürsten Werner folgen lassen.

f. Die von Kuno II. gegründete Linie bis zu ihrem Erlöschen.

Kuno II., ein Sohn Philipps IV. von Falkenstein, überlebte
seinen 1322 gestorbenen Vater nur um eilf Jahre, indem er
1333 zu seinen Ahnen versammelt ward. Wir haben desselben
schon einmal oben 1326 gedacht und finden ihn im Jahre
· 1332 in Verbindung mit seinem Verwandten Philipp V. nochmals in zwei Urkunden, nebst vielen andern Fürsten, Grafen,
Herren und freien Städten als kaiserlichen Achtsvollziehern,

---

[181]) Der da geben wort noch Christus Geburt 1370 Jare, an
dem neysten Mayntage nach dez heyligen Crutzis Tage alz iz er-
habet wort. Daselbst V, 826, Nr. 71.
[182]) Wenck's hessische Landesgeschichte II, Nr. 370.

4

welche der deutsche Monarch Ludwig der Bayer über die Bürger der Stadt Mainz wegen der den dasigen Stiftern zugefügten
groben Vergewaltigungen etc. verhängt [183]) hatte. Sonst ist
uns von demselben nur noch bekannt, dass er zweimal verheiratet war, nämlich zuerst mit der Gräfin Anna von Nassau-
Hadamar bereits 1322 [184]), darauf mit Imagina oder Mena 1331,
mit welcher zu Anfang des Jahres 1333 er dem Abte von Fulda
30 Mark Geldes auf den Dörfern Södel und Wolfersheim zu
Lehen [185]) auftrug. Die erste Ehe war nur mit zwei Kindern
gesegnet, nämlich mit Philipp VI., der den Stamm fortpflanzte,
und einer Tochter Lukardis oder Lutgart, die an den Grafen
Emich V. von Leiningen 1343 [186]) verlobt wurde, auch in diesem
Jahre ihr Beilager feierte. Als Migift erhielt sie die zwei Orte
Kransberg und Kelsterbach mit ihren Einkünften unterpfändlich
zum Genusse [187]).

Philipp VI. hiess anfänglich der jüngere oder jüngste,
nach Philipps V. Tode 1343 aber der ältere oder auch der
älteste. Zugleich erhielt er nach dem Aussterben der älteren
Linie mit Philipp III. 1335 das Reichskämmereramt. Diese
beiden noch vorhandenen Linien, nämlich die mittlere und die
jüngste, erbten nun auch die Güter und Besitzungen jener älteren. Wir erblicken auch die letzteren sogleich in einer gemeinsamen Handlung, wodurch Philipp VI. mit Philipp V. und
dessen Bruder Kuno 1335 dem Amtmanne zu Bergen ihren

---

[183]) Beide sind ausgestellt: der gebin ist da man zalte etc.
1332stem Jar etc. an dem nechsten Dinstag vor dem vorgenannten
unser Frowen tage (Kirtzenwihe). Würdtwein, diplomataria mo-
guntina I, 480, Nr. 268 und 488, Nr. 269. Auch Joannis rer.
moguntiac. II, 606.

[184]) Siehe die Deduction: Genealogia falkensteinensis v. Senken-
berg, fol. 13.

[185]) Datum et actum ao. Dni. 1333 die dominica proxima post
festum Epiphanie Dni. nativitatis. Gudeni cod. dipl. V, 803, Nr. 49.

[186]) Die Verlobungs-Urkunde ist ohne Datum; siehe endl.
Ded. und Schlussschrift Lein. gegen Westerburg 106, Nr. 31 und
schliessliche Einreden 56 lit. H.

[187]) Joannis rerum moguntiac. I, 704, tab. genealog. lit. l.

Bauhof daselbst zustellten [188]). Ersterer und seine „eliche wertynne" Anna verkauften 1343 ihr Gut zu Zilsheim an einen mainzer Domherrn für 200 Pfund Heller [189]). Seinem Vasallen Johann von Sulzbach ertheilte er 1345 die Genehmigung, seine Frau auf ein falkensteiner Lehenstück bewidmen zu dürfen [190]). Im folgenden Jahre verwidmete derselbe seine Anna unter der Genehmigung des Stiftes zu Sankt Marien ad gradus in Mainz als Lehensherrn mit 240 Pfund Hellern auf seine Besitzungen im Dorfe Nidde bei Frankfurt [191]). Zugleich belieh er den Heinrich von Scharfenstein mit dem dritten Theile des Lehens zu Ginsheim [192]). 1348 aber traf er einen Tausch mit Cuntzel Arnold von Bruchenbrucken [193]). Bald darauf war er Mitsiegler der Sühne des Grafen von Dietz mit der Stadt Limburg an der Lahn [194]). Nach Jahresfrist übergab Kaiser Karl IV. ihm und seinen Erben als Entschädigung für die Kosten, welche er in jenes Monarchen und des Reiches Diensten gegen den Grafen Günther von Schwarzburg aufgewendet hatte, als Unterpfand das bei Frankfurt gelegene Dorf Sulzbach, jedoch ablöslich mit 2000 Pfund Hellern [195]).

---

[188]) Der gegeben wart, da man zalte etc. 1335 an dem nesten Mittwochen nach dem Ostertage. Gudeni cod. dipl. mog. V, 806, Nr. 52.

[189]). Dieser Brieff ist gegeben etc. 1343sten Jair an dem achten tag nach vnser frauwen tage wurtzewyge. Codex perg. mogunt. III fol. 114 im kgl. Reichsarchive zu München.

[190]) Der da ist gegeben etc., do man zalte etc. 1345 Jare vf sante Markus dage des heiligen Ewangelisten. Gudeni cod. dipl. V, 808, Nr. 54.

[191]) Datum ao. Dni. 1346 feria quarta post Dnicam Letare. Joannis rerum moguntinc. II, 66, § 23.

[192]) Anno Dni. 1346 vigilia beati Mathei Apostoli et Ewangeliste. Gudeni cod. dipl. mog. V, 809, Nr. 55.

[193]) Datum Ao. Dni. 1348 ipsa die beati Vrbani Episcopi. Daselbst V, 811, Nr. 57.

[194]) Do man zalte etc. 1348stem Jare vf den Vritage nach dem heiligen Pingestage. Wenck's hess. Landesgesch. I. Urkdenb. 315, Nr. 407.

[195]) Der gegeben ist zu Franckfurth da man zalte etc. 1349 Jar an des heiligen Sant Johannis Baptisten tage etc. Gudeni cod. dipl. mog. V, 814, Nr. 60.

Von unserem Philipp VI. finden wir auch einen Entscheid
von 1355 zwischen ihm und dem Heinrich zum Jungen, einem
reichen Bürger zu Mainz, wegen der Fischwasser bei Ginsheim [196]. Ein Jahr später erscheint derselbe als Kämmerer des
Reiches, da er eine jährliche Rente von 10 Pfund Hellern an
den Johannes von Beldersheim, seinen Forstmeister zum Hayn,
um 150 Pfund Heller wiederlöslich veräusserte [197]. 1363 überliess er nebst seiner Ehefrau Agnes einem frankfurter Bürger,
namens Eckel von Hatzfeld, den Zehnten zu Neuen - Guntheim
für 200 Pfund Heller und 14 frankfurter Gulden ebenfalls auf
Wiedereinlösung [198]. Um diese Zeit muss unser Falkensteiner,
wie auch bisher schon bemerkt, öfters in Geldverlegenheiten
gewesen sein, denn er versetzte um 1367 mit der Zustimmung
des Erzbischofs Engelbert in Köln seinem Vetter, dem Prälaten
Kuno zu Trier, das Dorf Bretzenheim mit allen Zubehörungen
für 7000 kleine Goldgulden [199]. Im Jahre 1368 ertheilte er
den Bürgern zu Butzbach einen ausgezeichneten und sehr vortheilhaften Freiheitsbrief [200]. Allein einige Monate nachher nahm
er bei jenem trierer Erzhirten Kuno abermals die ansehnliche
Summe von 4000 kleinen Goldgulden auf, wofür er aber demselben das Schloss Falkenstein, Burg und Thal, die Stadt Pfeddersheim, sowie überhaupt sämmtliche Dörfer und alles was
diesseits Rheines zur Herrschaft Falkenstein gehörte, sammt

---

[196] Der geben ist zu Flerssheim vff den Montag nach dem
Sontag als man singet Cantate nach Gots Geburth etc. 1355 Jare.
Daselbst V, 817, Nr. 63.

[197] Der geben ist nach Christi Geburth 1356 Jar vff den
Freitag nach Sant Mathystag des heiligen Aposteln. Daselbst V,
818, Nr. 64.

[198] Der gegebin wart nach Godis Geburte 1363 Jar, an dem
Donresdage nach sancte Pauls Dage alz er beckart wart. Daselbst
V, 823, Nr. 69.

[199] Der gegcuen ist do man zalte etc. 1367tem Jare vff vnser
Frouwen Dag genant Purificatio in latine. Günther cod. dipl. rheno
mosellan. III, 729, Nr. 510.

[200] Der geben ist etc. da man zehlete 1368 Jar vff den Sambstag vor dem Sontag zu Mitfasten, als man singet Letare Jerusalem.
Senckenberg selecta juris et hist. VI, 590, Nr. 12.

dem Zolle zu Capellen etc. als Unterpfand überlassen musste [201]).
Im darauf folgenden Jahre lieh er indessen seinem Schwager,
dem Grafen Simon von Spanheim-Vianden, um damit seinen
Vater, den Grafen Walram aus der Haft seiner Feinde zu lösen,
1490 Goldgulden. Hiefür versetzte ihm Simon die Dörfer
Hilbersheim und Zotzenheim, jedoch gegen Wiederauslösung,
die ihm auch unser Philipp am nämlichen Tage zusagte mit
dem Versprechen, jene beiden Orte nicht mit höherer Bete oder
mit sonstigen Auflagen belästigen zu wollen [202]). Einige Wochen
nachher machte er sich gegen jenen verbindlich, die Hälfte
dieser Summe in 14 Tagen an der Münze zu Mainz, den Rest
aber zwei Wochen später auszuzahlen und zu entrichten [203]).
Endlich war er durch Noth gedrungen, im Jahre 1372 dem
Rathe in Frankfurt für ihm dargeliehene 1000 Gulden sein Dorf
Offenbach sammt allen Zuständigkeiten zu verpfänden [204]).

Dieser Reichskämmerer Philipp VI., der seinen Wohnsitz
grösstentheils in Burg und Stadt Königstein am Taunus hatte,
sich auch davon benannte und schrieb, war indessen ein unthä-
tiger Herr. Er gerieth deshalb immer tiefer in Schulden, bis
er endlich sogar in die Hände frankfurter jüdischer Wucherer
kam. Bei seinem nahen Verwandten, dem mehrerwähnten Kurfürsten Kuno zu Trier, entnahm er daher 1373 abermals 4000
gute schwere mainzer Goldgulden, um damit „vnser kuntliche
„vnd schedelige Scholt zu franckenford vnder den Juden zv
„betzalen“, versprach dieselbe bis zum Weihnachtsfeste des folgenden Jahres von seinen Schatzungsgeldern sowie von sonstigen ansehnlichen Jahreseinkünften in der Wetterau wieder ab-

---

[201]) Der gegeben ist do man zalte etc. 1368 Jare vff senct
Johans Abent baptisten, als dem korne die wurtzel brichet. Orig.
im kgl. preuss. Provinzialarchive zu Koblenz.

[202]) Beide sind an einem Tage ausgestellt: Datum ao. dni.
1369. Ipso die Beati Remigij. Spanheimer Kopialb. in Karlsruhe.
F. fol. 42 und lit. B fol. 154.

[203]) Der gegeben ist etc. 1369stem Jare vff den Dornstag vor
Sant Martins dage des heyligen Bischoffes. Daselbst B fol. 155.

[204]) Datum Ao. Dni. 1372 in Vigilia Thome Apostoli. Gudeni cod. dipl. mog. V, 828, Nr. 72.

zutragen, oder er hoffte dies wenigstens. Allein am nämlichen Tage musste er dafür 20 seiner besten Burg- und Lehensmänner zu Bürgen und Geiseln stellen mit der Verpflichtung zum Einlager in Oberwesel [205]). Unter demselben Datum entlieh er zugleich von seinem Vasallen Herbord von Hexheim ebenfalls „wegen seiner schedelichen scholt zu Franckford vnder den Juden" noch 2000 Goldgulden, für deren Rückzahlung sich die beiden Ritter Erwin Lewe von Steinfurt und Johann Setzpant von Drache nebst dem Schreiber des Falkensteiners, Johannes Oppenhofer, verbürgen mussten [206]). Noch ist zu bemerken, dass Philpp VI. bereits früher (1364) bei diesem Herbord 400 kleine Gulden aufgenommen und „in vnser Herschaft notz gekart vnd gewand" hatte [207]). Einige Wochen darauf bescheinigte er den richtigen Empfang sowol jener 4000 als auch dieser 2000 Goldgulden, welche ihm der Deutschordensherr Johannes, genannt Ihesus, und sein eigener Schreiber Johannes von Rockenberg richtig überliefert hätten [208]).

Philipp VI. nahm jedoch nicht lange hernach ein klägliches Ende. Schon einige Monate vorher in dem nämlichen Jahre war er mit den benachbarten Herren von Reiffenberg in eine schwere Fehde gerathen. Hier aber benahm er sich sehr nachlässig und thatenlos, so dass ihm der Spottnamen „der Stumme" zutheil wurde und zwar, wie es ausdrücklich in der Chronik heisst: „nicht, dass er ein Stummer wäre von Reden, dann er war ein Stummer von Werken!" Die Reiffenberger und ihre Helfer überfielen ihn desshalb endlich mit ihren bewaffneten Haufen, belagerten ihn sammt seinen vier Söhnen in der Burg Königstein. Diese wurde hart bedrängt, auf allen Seiten immer

---

[205]) Beide sind ausgestellt: Der gegeben ist do man tzalte etc. 1373 Jar uff Sondag nehest na vnser frauwen dag genannt Assumpcio zu Latine. Orig. im preuss. Provinzialarchive in Koblenz.

[206]) Der gegeben ist etc. 1373 Jare, uff sondag neest na vnser frauwen dage genant Assumpcio zu latine. Orig. eben daher.

[207]) Datum Sabbato post festum pentecost. Anno dnj. 1364. Original daselbst.

[208]) Der gegeben ist etc. 1373 Jare uff den ersten dag des maendes genant September zu latine. Orig. zu Koblenz.

enger eingeschlossen und die so mächtige Veste endlich
gegen Ausgang genannten Jahres erstürmt. Während nun der
Sturm um die Mauern tobte, suchte unser Dynast mittelst
heimlicher Ausfluchtsgänge zu entrinnen, allein er stürzte mit
dem Pferde, beschädigte sich sehr stark, wurde nebst seinen
Söhnen in dieser hilflosen Lage von seinen Widersachern er-
griffen und auf die Burg Reiffenberg gebracht. Hier gab er
infolge des heftigen Sturzes nach Verlauf von acht Tagen
seinen Geist auf. Seine Söhne mussten aber den siegreichen
Reiffenbergern die bedeutende Summe von 10,500 Gulden er-
legen, wogegen sie erst, wie wir später vernehmen werden, ihre
Freiheit und auch den Königstein wieder erhielten [209]. Aus
Ursache solcher widrigen Begebenheiten sowie auch jener hohen
Lösungssummme gerieth unsere Familie in eine immer ansehn-
lichere Schuldenlast.

Philipp VI. hatte drei Gemahlinen, vorerst die Gräfin Anna
von Katzenelnbogen, mit welcher er durch ihren Bruder Wilhelm sowie durch seinen Oheim den Grafen Johannes von
Nassau 1338 verheiratet und mit 3000 Pfund Hellern ausge-
steuert ward [210]. Die zweite Gemahlin war Margaretha, eine
Gräfin von Spanheim, und schon als Minderjährige im
Jahre 1344 mit Philipp VI. verlobt [211]), aber die Ehe wurde
erst zehn Jahre später (1354) vollzogen. Ihr Vater Graf Walram verschrieb derselben bei ihrer Vermählung eine Mitgift von
3000 Pfund Hellern, oder dafür eine jährliche Rente von 300
Pfund Hellern in den Dörfern Hilbersheim und Zotzenheim, deren
Ablösung mit 3000 Pfund Hellern der junge Ehemann seinem
Schwäher Walram am nämlichen Tage zusagte und verbriefte [212]).

---

[209]) Fasti limpurgenses oder limburger Chronik S. 71 und
Hontheim Prodromus hist. trevir.. fol. 1097.

[210]) Gegegeben nach Godis Geburte 1338 Jar uf sante Lucien
Abende. Wenk's hess. Landesgesch. I, cod. prob. 141, Nr. 207.

[211]) Datum Franckenfordt In claustro predicatorum anno dni.
1344 feria quinta proxima post diem Bartholomei Apli. Spanheimer Kopialb. in Karlsruhe B, fol. 279—281.

[212]) Beide Urkunden tragen dasselbe Datum: Der geben ist
etc. 1354 Jare uff den ersten Mitwochen vor sant katharinen tag.
Daselbst lit. F fol. 40 b und 44 etc.

Die dritte Gattin hiess Agnes, eine Tochter seines Blutsfreundes Philipps V. von Falkenstein, die wir sogleich noch näher und zwar von einer äusserst vortheilhaften Seite werden kennen lernen. Mit diesen drei Hausfrauen hatte er acht Kinder gezeugt und hinterlassen: vier Söhne und ebenso viele Töchter, nämlich Philipp VIII., seines Vaters Nachfolger in der Herrschaft; Werner, Erzbischof und Kurfürst zu Trier, der den boland-falkensteiner Mannesstamm beschloss und dessen kurzer Lebensabriss den Beschluss dieses Abschnittes bildet; dann Ulrich und Kuno, welche beiden Brüder wir noch öfters mit dem ältesten, Philipp VIII., in Urkunden antreffen werden. Um so merkwürdiger für uns sind jedoch die zwei ältesten Töchter, von welchen die eine Agnes, die Lebensgefährtin des Grafen Otto von Solms, wie später zu erfahren, die Herrschaft oder vielmehr Grafschaft Falkenstein an das gräflich virneburgische Haus brachte. 1359 soll sie in die Ehe getreten und am 1. September 1409 gestorben sein[213]). Die andere Tochter, Lukard ward die zweite Gemahlin des Dynasten Eberhart von Eppenstein[214]). Sie kommt auch oft in Verhandlungen vor und ihre Kinder erbten ebenfalls münzenbergische Güter. Die dritte Tochter Margaretha finden wir als gottgeweihete Jungfrau vorerst auf dem Marienberge bei Boppart, als ihr Vetter der Erzbischof Kuno 1377 auf ihre Lebenszeit ihr ein Haus in Trier und einen Weinberg bei Merle verlieh[215]). Allein schon im folgenden Jahre treffen wir sie als Nonne in einem anderen Kloster, indem die Stadt Friedberg sich anheischig machte, eine der Wittwe Agnes von Falkenstein und ihren Söhnen zustehende jährliche Rente von 50 Gulden jener Klosterjungfrau Margaretha von Falkenstein zu Padenhausen lebenslänglich entrichten zu wollen[216]). Anna endlich, die jüngste Tochter, war zweimal verheiratet: zuerst an den Grafen Gottfried von Rheineck und

---

[213]) Nach Angabe der solmsischen Ahnentafeln.
[214]) Joannis rerum moguntiac. I, 815 tab. genealog. lit. c.
[215]) Der gegeben ist 1377 jare vff den 9 dag in dem Meyen. Orig. in dem kgl. preussischen Prov.-Archiv in Koblenz.
[216]) Der gegeben ist 1378 jair uff sente Jonans Babtisten abend als er geboren wart. Orig. daselbst.

später an Günther Grafen von Schwarzburg. Sie hinterliess
jedoch keine Nachkommen und war 1420 nicht mehr am Leben.
Ihren religiösen Sinn und ihr Gefühl für Arme und Nothlei-
dende beurkundete sie dadurch, dass sie bereits als Wittwe 1401
sowol zu ihrem entschlafenen Gatten, als auch zu ihres Oheims
Philipps VII. und ihres Bruders Philipps VIII. sowie zu ihrem
eigenen und aller ihrer Altvorderen Heil und Seelentroste in
dem Schlosse Hayn ein Spital für Arme und Sieche, dazu einen
Altar und eine reichbegabte Vicariepfründe gestiftet[217]. Der
Wolthätigkeitssinn dieser edeln Frau fand aber hierin noch
keine Gränzen. Im Jahre 1410 schenkte sie diesem Spitale in
der Burg Hayn noch ihre sämmtlichen beweglichen und unbe-
weglichen Besitzthümer, überhaupt ihre ganze Habe. Um aber
diese milde Gabe vor möglichen späteren Eingriffen zu bewah-
ren, mussten ihr Bruder Werner, der trierer Erzhirte, und ihr
Neffe Graf Bernhart zu Solms, sowie auch Gottfried und Eberhart von Eppenstein dieses ihr letztes Vermächtniss besiegeln
und bekräftigen[218].

Die Lage unserer Wittwe Agnes war in der That sehr trost-
los, ja sogar zum verzweifeln, denn die falkensteiner Besitzungen
waren durch ihren Ehemann, dem es leider an Einsicht und
Energie gebrach, tief verschuldet. Er selbst hatte im Gefäng-
nisse sein Leben eingebüsst und seine vier Söhne mussten in
der Haft der Feinde ihres seligen Vaters schmachten, ja sogar
ihr bisheriger Wohnsitz, die Stadt und Veste Königstein, war
der Familie entwältigt und nun in der Gewalt ihrer Widersacher. Wol erkannte sie ihre betrübte niederschlagende Lage,
vergass aber auch nicht ihrer wichtigen Pflicht, vorerst ihre
unchuldigen Kinder aus Ketten und Banden zu lösen, dann
Königstein wieder zu erwerben, endlich auch — wenn irgend
möglich — sich an ihren Feinden zu rächen. Als einsichtsvolles,
muthiges, entschlossenes Weib sowie als liebevolle Mutter ging

---

[217] Geben do man tzalte nach Gots Geburthe 1401 uff den
nesten Fritag nach sant Jacobis tag des heiligen Aposteln. Gudeni cod. dipl. V, 853, Nr. 91.
[218] Datum Ao. Dni. 1410, in crastino Conversionis Sancti
Pauli. Daselbst V, 867, Nr. 102.

sie nunmehr an die Lösung dieser schwierigen Aufgabe. Die Reiffenberger forderten für die Lösung ihrer vier Söhne und für die Zurückgabe des Königsteines die bedeutende Summe von 10,500 Goldgulden. Ueber diesen zähen Unterhandlungen verflossen mehr denn ein Jahr und nach deren Schluss trat bei ihr die nicht minder grosse Sorge ein, wie und woher bei zerrüttetem Vermögensstande ein solch ansehnliches Kapital aufzubringen? Unentmuthigt jedoch behielt unsere Wittwe ihr Ziel fest im Auge und erreichte dasselbe auch vollständig in ganz kurzer Zeit. Sie wandte sich im Lenzmonate des Jahres 1375 an ihren falkensteiner Blutsfreund, den umsichtigen und wolwollenden Erzbischof Kuno zu Trier, um seine Hilfe in dieser grossen Familiennoth, und siehe da, ihre kühnen Erwartungen und Hoffnungen wurden auch mit dem schönsten Erfolge gekrönt: der edle Prälat erlegte die ausbedungene Summe sogleich, und im Juni kehrten die Kinder wieder zu ihrer erfreuten Mutter zurück. Die Veste Königstein wurde durch die Falkensteiner aufs neue bezogen. Ueber diese Vorgänge belehren uns folgende vier Urkunden. Der ebenerwähnte Kuno erlegte den Gebrüdern Kuno und Friedrich, sowie Kuno dem alten von Reiffenberg die übereingekommenen 10,500 Goldgulden, »guyt von Golde vnd swerem Mentzen gewichtes« baar, löste damit die vier Söhne Philipp, Ulrich, Werner und Kuno aus ihrem Gefängniss und brachte den Königstein wieder an das falkensteiner Haus. Dafür verschrieben ihm die Wittwe Agnes und ihre genannten Kinder Burg und Stadt Königstein sammt dem Thale, Mannen, Burgmannen, Dörfern und allen möglichen sonstigen Zubehörden; ferner die Vesten Neufalkenstein, Norings und endlich noch die Burg und Stadt Hofheim bis zur Wiedererstattung jener Summe als Unterpfand [119]) und musste der Darleiher denselben hinsichtlich der vorbehaltenen Wiederauslösung einen Rückschein ausstellen [220]). Die vorgenannten drei Herren

---

[119]) Der gegeben ist da man zalte na Cristus geburte 1375 Jair uff den zwey vnd zwenczichsten dag, des Maendes genant Junius zn latine. Original im königl. preussischen Provinzialarchive in Koblenz.

[220]) Der gegeben ist zn Erenbrechtsteyn an dem nümlichen Datum. Orig. daselbst.

von Reiffenberg hingegen bescheinigten an demselben Tage dem Prälaten den richtigen baaren Empfang jenes Kapitals und leisteten zugleich Verzicht auf alle weiteren Ansprüche [221]). Zwei Tage hernach machte sich die Wittwe Agnes nebst ihren Söhnen gegen den Erzbischof Kuno noch pflichtig, wenn einige oder auch nur eine der ihm versetzten Städte und Vesten etwa lehenbares Gut seien, die Einwilligung des betreffenden Lehensherrn in diese Pfandschaft auswirken zu wollen [222]).

Also war diese wichtige und missliche Angelegenheit durch die Umsicht und Besonnenheit unserer Agnes in erwünschter Weise beendigt und damit auch eine jede nicht allein ihrer Familie, sondern auch ihrem Besitzthume drohende Gefahr durch grosse Geldopfer glücklich beseitigt. Indessen immer noch peinigte sie der Gedanke, dass die Reiffenberger und deren thätigster Helfer, der Graf Ruprecht zu Nassau, solch' schweren Frevel an den Ihrigen, hauptsächlich aber an ihrem gutmüthigen, schwachen Eheherrn, dem sie sogar den Tod bereitet hatten, ungestraft ausgeübt haben sollten. Unablässig trachtete sie nunmehr nach einer Veranlassung, an ihren Todfeinden Rache üben zu können. Nach Verlauf einiger Monate gelang ihr dies wirklich. Wie es aber gekommen und wie sie ihren Plan angelegt und ausgeführt habe, um die genannten Gegner in ihre Gewalt und in ihren Kerker zu bringen, vermögen wir nicht genau auseinander zu setzen, weil uns dazu nur eine kurze Notiz aus einer lateinischen Chronik nebst noch zwei deutschen Urkunden vom Jahre 1376 zu Gebote stehen. Somit scheint also die nie ganz zu ergründende List und Schlauheit Agnesens bei dem Plane und der Ausführung ihres Vorhabens das meiste gewirkt zu haben. Jene Chronik sagt nämlich ganz kurz: »im Monate August 1375 wurden Ruprecht Graf zu Nassau (der als praedo patriae oder als ein Räuber im Vater- d. h. im Rheinlande charackterisirt wird) und die Herrn v. Reiffenberg gefangen

---

[221]) Datum anno dni. 1375 die vicesima secunda Mens. Junij. Orig. in Koblenz.

[222]) Der gegeben ist do man tzalte nach Cristus geburte 1375 Jair, uff den vier vnd tzwentzigsten, des Maendes genant Junius zu Latine. Vom Orig. eben daher.

genommen, welche in dem Lande viele Bosheit verübt hatten und die Frau v. Münzenberg, die Wittwe Philipps von Falkenstein, den sie getödtet hatten, war es, welche sie gefangen nehmen liess [223].« Diese That, wie wir nachher berühren werden, geschah im Felde oder in einem Treffen. Die Gefangenen mussten bis ins nächste Jahr und zwar in dem nämlichen Kerker (in welchem nicht lange zuvor Philipp VI. und seine vier Söhne geschmachtet) jener muthigen Frau zu Königstein verharren, allein wiewol dieselbe kurz vorher ihre unschuldigen Kinder mit schweren Summen aus der Reiffenberger Haft hatte lösen müssen, so übte sie im Gegentheil jetzt noch Grossmuth gegen ihre Feinde, um sie dadurch aufs tiefste zu beschämen. Sie erpresste kein Lösegeld von ihnen, sondern sie liess sich zur Sicherheit für künftige Zeiten von den Reiffenbergern nur eine gewöhnliche, durch den Grafen aber eine besondere, feste und ausführliche Urfehde einhändigen, deren wichtigen Inhalt wir daher etwas genauer angeben müssen.

Der Ritter Kuno von Reiffenberg, dessen Bruder Friederich und Henne (Haus) von Arnoltshain wurden bereits am 6. April 1376 ihrer Haft entlassen. Von deren einfacher Urfehde [224] liess sich die Wittwe Agnes am 25. November desselben Jahres durch einen öffentlichen geschworenen kaiserlichen Schreiber (Notar) in Frankfurt nochmals eine Abschrift ausfertigen. Hingegen der nassauer Graf hatte noch über drei Monate lang auf seine Befreiung zu warten, die endlich am 24. Juli erfolgte. Er musste seiner Nichte Agnes von Falkenstein eine rechte a l t e Urfehde ausstellen, worin er iu seinem sowie seiner Freunde und Magen (Verwandten) Namen aufs feierlichste und eidlich gelobte: das bisher erduldete Gefängniss weder mit Worten noch mit Werken zu rächen an seiner Nichte, an deren Bruder Philipp VII., an ihren vier Söhnen Philipp, Ulrich, Werner und Kuno seinen Neffen oder an ihren Erben, Herrschaften, Unterthanen u. s. w.,

---

[223]) Würdtwein subsidia diplomatica nova VIII, 394 und 395.
[224]) Datum ao. dnj. 1376 dnic. die qua cantatur: Domine ne longe (d. h. auf den Sonntag Palmarum). Original im koblenzer Archive.

namentlich aber an denjenigen, welche ihn und seine Diener
auf dem Felde niedergeworfen und gefangen hätten u. s. w.,
auch gegen die Frau Agnes und gegen alle vorerwähnten
Personen niemals zu handeln, denselben und den Ihrigen aus
seinen Schlössern, Vesten, Dörfern etc. etc. in Zukunft keinen Schaden zu thun oder durch die Seinigen zufügen
zu lassen. Das nämliche versprach er zugleich gegen seinen
gnädigen Herrn den Erzbischof Kuno, das Erzstift Trier und
die Seinigen ohne Ausnahme gewissenhaft zu beobachten und
durch seine Untergebenen beobachten zu lassen. Würden aber
er oder seine Burgmannen und Unterthanen dieser feierlichen
Zusage zuwider gegen jene Frau Agnes und die Ihrigen oder
gegen den Erzhirten Kuno handeln und thun, so mache er sich
anheischig, auf geschehene Mahnung bin sich im Gefängniss zu
Münzenberg oder in Koblenz auf solange zur Geiselschaft zu
stellen, bis der durch ihn oder die Seinen angerichtete Schaden
jenen beiden gekehrt oder wieder vergütet sei. Endlich ging
er die Verbindlichkeit ein, diejenigen Edeln, die er während
der Feldschlacht gefangen, sogleich frei zu entlassen. Diese
Gelöbnisse sämmtlichen vorgenannten Betheiligten treu und
fest zu halten, bekräftigte er wiederholt mit einem feierlichen Eide. Schliesslich liess er auch noch diese alte Urfehde durch den pfälzer Kurfürsten Ruprecht I., den Landgrafen
Hermann zu Hessen, durch drei befreundete Grafen und sonstige
Herren besiegeln [225]).

Auf solche Weise waren nun sämmtliche Familienangele-
genheiten durch die Energie der Wittwe Agnes geordnet. Sie
lebte nun fortan in Ruhe und Frieden mit ihren Kindern zu
Königstein, nur noch von Zeit zu Zeit gestört und beunruhigt
durch die auf dem falkensteiner Hause und Geschlechte lasten-
den früheren Schulden. Desswegen musste sie mit ihren Söhnen, um »vnsser schedeliche scholt zu bezalen vnd zu belegen«,
im Juni 1376 bei dem Vetter Kuno zu Trier abermals 2000
mainzer Goldgulden aufnehmen, jedoch mit der Verpflichtung,
diese Summe am nächsten Weihnachtsfeste wieder abzutragen.

---

[225]) Der gegeben ist etc. 1376 jar vff sent Jacobs abend des
heil. aposteln. Orig. daselbst.

Sie stellten dafür zwanzig ihrer edeln Vasallen zu Bürgen ²²⁶). Mit dem Beginne des folgenden Jahres vollzogen die
Gebrüder und Ritter Eckart und Konrad von Elkershausen für
sich, ihren Bruder Heinrich und für ihre Schwestern mit der
Jungfrau Agnes von Falkenstein und mit ihren oftgenannten
vier edeln Söhnen einen Vergleich und eine Sühne, worin sie
aller »ansprache, vorderunge, kriege und zweyunge«, die sie bis
auf den heutigen Tag an die falkensteiner »lande, lude vnd her-
scheffte« gehabt hätten, sich begaben, namentlich aber auf
»alle schaden, koste vnd verluste«, die sie seither erlitten, sowie auch auf eine ihnen aus Königstein und Assenheim gebüh-
rende und mit 3000 guten schweren Gulden abzulösende jährliche Rente von 300 Gulden in aller giltigen Form und auf
ewige Zeiten verzichteten ²²⁷). Im November aber sehen wir
unserer Wittwe Agnes ältesten Sohn Philipp VIII., den Kämmerer des Reiches, zum erstenmale selbständig auftreten in zwei
Erlassen, in welchen er theils auf sämmtliche Lehen bezüglich
der Stadt Mainz Verzicht leistete, theils aber bei dem ihm durch
Kaiser Karl IV. daselbst verliehenen Zolle einige Vergünstig-
ungen eintreten liess ²²⁸). Allein dessen ungeachtet blieb Philipp
als treuer dankbarer Sohn immer noch in inniger naher Verbindung mit seiner Mutter, welche durch ihren Muth und ihre
Einsicht so vieles für die Erhaltung und Selbständigkeit der
falkensteiner Familie gethan hatte. So errichtete sie im Win-
ter 1378 mit Philipp VIII. und mit ihrem Vetter Ulrich von

---

²²⁶) Der gogebin ist in dem Jare du man zalte nach gotz ge-
burten 1376sten iare uff den sundag nach sente Johannes Baptisten
dag alz he enthaubtet wart. Vom Orig. eben daher.

²²⁷) Der gegeben ist do man zalte etc. 1377 Jaire uff Samz-
dag na dem zwolfften dage, den man nennet Ephia. dnj. zu latine.
Orig. daselbst.

²²⁸) Beide Briefe sind an einem Tage ausgestellt: Der geben
ist etc. 1377 Jare, an dem nehsten Mandage vor sant Katherinen
dag der heil. Jungfrauwen. Würdtwein nova subsid. dipl. XI, 231
und 234, Nr. 336 und 337.

Hanau eine entscheidende Uebereinkunft wegen der Besetzung
der Pfarrstelle zu Markebel [229]).

Nicht lange darauf sahen sich die falkensteiner Wittwe
und ihre Söhne abermals in die Nothwendigkeit versetzt, bei
ihrem Verwandten Kuno zu Trier 4000 »gude swere cleyne goldgulden« zu leihen. Diese Summe ward nachträglich noch dazu
verwendet, die falkensteiner Kinder »uz genengnisse vnd vnser
burge kuningsteyn etc. vnd daz gantze lant, lude vnd gulde etc.
von der viende hand, die vns das entweldiget hatten, erkaufft
vnd geloest han.« Für dieses Darlehen räumten sie jenem Prälaten das Oeffnungs- und Aufenthaltsrecht zu Königstein ein,
sowie auch in ihrem Antheile an Burg und Stadt Assenheim,
um sich darin und daraus nebst den Seinigen behelfen und vertheidigen zu können, jedoch auf Wiederlösung mit der nämlichen Summe [230]). Unmittelbar nach diesem Vorgange gaben
Philipp VIII. und seine Angehörigen die Veste Königstein dem
Herrn Philipp VII. von Falkenstein, dem Ulrich von Hanau und
dem Rathe zu Frankfurt für 7000 Gulden rückkäuflich ein [231]),
welche letzteren dann geloben mussten, das an Kurtrier ver-
liehene Oeffnungs- und Aufenthaltsrecht daselbst pünktlich halten und beobachten zu wollen [232]). Unsere Agnes und die Ihrigen willigten gleichfalls ein in jenen Wiederkauf oder Pfandschaft [233]) und leisteten am nächsten Tage zugleich förmlichen
Verzicht auf alle möglichen und denkbaren Forderungen an den
trierer Erzbischof wegen der durch ihn bisher innegehabten
und besessenen Burg Königstein sammt allen ihren Zubehörden [234]). Zur selben Stunde stellte auch Herr Philipp VII. von

---

[229]) Anno Dni. 1378 in Vigilia Mathie Apostoli. Gudeni cod.
dipl. mogunt. V, 831, Nr. 74.
[230]) Der gegeben ist etc. 1378 Jare uf sente Vrbanus dag in
dem Meyn. Orig. im koblenzer Prov.-Archive.
[231]) Kopp's Proben des deutschen Lehenrechtes II, 250.
[232]) Der gegeben ist do man zalte etc. 1378 Jare, uff Fridag
na sente Bonifacius dage. Orig. im Archive zu Koblenz.
[233]) Der gegeben ist etc. 1378 Jare uff sent Johans baptisten
abend als er geboren wart. Orig. daselbst.
[234]) Der gegeben ist etc. 1378 Jar uff sant Johans dag, als
her geborin ward des heiligen Deyffirs. Orig. eben daher.

Falkenstein dem Erzhirten Kuno die Versicherung aus: er sei
demselben von der Uebergabe oder von dem Wiederkaufe der
Veste Königstein her 2000 kleine Goldgulden schuldig gewor-
den, wofür er ihm bis zum Abtrage dieser Summe seine beiden
Zölle zu Capellen und zu Lahnstein verpfändet hätte [235]. Einige
Wochen nachher begab sich der Ritter Erwin Lewe von Stein-
furt aller Ansprüche an den Prälaten Kuno hinsichtlich des
Besitzes, des Amtes und der Burg Königstein [236].

Der Kämmerer Philipp VIII. ward 1379 des pfälzer Kurfürsten Ruprecht I. oder des älteren Burgmann auf der Veste
Lindenfels im Odenwalde gegen Erlegung von 400 guten
schweren Gulden; dafür wies er seinem Lehnherrn einen jährlichen Zins an von 40 Gulden in dem bei Darmstadt gelegenen
und also zur Burg Hayn im Dreieich gehörigen Dorfe
Langen [237]. Wir erinnern uns wol noch der schweren Urfehde,
welche Graf Ruprecht zu Nassau behufs der Erledigung aus
der Kerkerhaft zu Königstein im Jahre 1376 unserer Frau Agnes von Falkenstein hatte ausstellen müssen. Diese war 1380
verschieden, denn sie wird in der Urkunde von diesem Jahre
als „wilne“ oder weiland Agnese von Falkenstein bezeichnet.
Um der drückenden Bedingungen seiner Urfehde überhoben zu
werden, gelobte nun derselbe dem trierer Kurfürsten Kuno
lebenslängliche Treue und Gehorsam verbunden mit der eid-
lichen Versicherung, dessen Besitzungen aus seinen Schlössern
nicht zu beunruhigen oder durch seine Angehörigen beschädigen
zu lassen, widrigenfalls er sich zum Einlager oder als Geisel
in Koblenz auf so lange durch einen Eid verpflichte, bis jenem
Prälaten der angerichtete Nachtheil wieder vollständig ersetzt
wäre [238].

---

[235] Der gegeben ist etc. 1378 jare uff sant Johns. baptisten,
als dem kornen die wortzel brichet. Orig. daselbst.

[236] Gegeben do man zalte etc. 1378 Jare uff den funfften
dag im Augste. Orig. in Koblenz.

[237] Datum anno dnj. 1379 ipso die sce. Cecilie virg. Stutt-
garter pfälzer Kopialbuch, fol. 77 b.

[238] Der gegeben ist 1380 uff den 28sten dag des maends genant September zu latine. Orig. im königl. preussischen Archive
zu Koblenz.

Drei Jahre später überliess derselbe auf Bitten seines mütterlichen Oheims Philipp VII. von Falkenstein dem Pfarrer Heinrich zu Mörsfeld anf Lebenszeit den Zehnten daselbst und zu Guntheim [239]). Im Mai nämlichen Jahres erhielten Graf Otto von Solms und seine Hausfrau Agnes von Falkenstein von ihrem Verwandten, dem bekannten Prälaten Kuno in Trier, 200 Goldgulden zur Besserung ihrer Lehen, wogegen sie demselben ihre eigenen Weinberge bei Braunfels auftrugen und von ihm als Mannlehen empfingen [240]). Unser Philipp VIII. schloss sich 1383 dem Bunde an, welchen die vier wetterauischen Reichsstädte mit Mainz und noch acht anderen Städten auf dem linken Rheinufer zur wechselseitigen Vertheidigung und Hilfe gegen jeden, der sie im ganzen oder einzelne von ihnen angreifen würde, errichtet hatten, mit der Zusage: er wolle ihnen, wenn sie in einem solchen Falle ihm Mahnbriefe in seine Schlösser zugehen liessen, auf seine Kosten und so lange die Noth es erfordere, sechs bebewaffnete Reisige zu Hilfe senden und sicherte den Städten und ihren Dienern zugleich Oeffnung zu in seinen sämmtlichen Burgen [241]). Ritter Sifrid Sneberger von Wartenberg und seine Vorältern hatten von den Falkensteinern ein Gut in Vlfesheim (llbesheim anf dem Gleichen bei Kirchheimbolanden) zu Lehen, das jener Siegfried an das Paulinerkloster anf dem Donnersberge als Eigenthum veräussern wollte. Dazu gab ihm auch der Lehensherr Philipp VIII. 1385 seine Zustimmung, insofern er der Herrschaft dafür andere eigene Güter anweisen würde [242]). Als dies geschehen, erneuerte er einige Monate

---

[239]) Anno Dni. 1383 feria quarta post Dominicam Reminiscere. Gudeni cod. dipl. mog. V, 833, Nr. 76.

[240]) Der gegeben ist etc. 1383 Jare uff den dritten dag in dem Meye. Orig. in Koblenz.

[241]) Der geben ist zue Franckenfurt, nach Christi Gebubrdt etc. 1383 Jare, vff dem Sambstage vor Sanct Niclauss tage. Lünig's Reichs-Archiv spicil. saccular. Theil II, 1667, Nr. 10, auch Privilegia und Pacta der Stadt Frankfurt 202.

[242]) Datum Ao. Dni. 1385 dnica. die post octauam Epiphanie Domini. Kremer's urkundl. Nachlass zu Idstein, Nr. 372.

später nochmals seine Einwilligung zu diesem Handel [243]), aber zwei Jahre darauf verkaufte er selbst an den Nonnenkonvent zu Rosenthal bei Stauf für 200 Goldgulden seinen Theil am Gerichte und Dorfe Hilnsheim sammt allen damit verknüpften Gerechtsamen, Gefällen und sonstigen Einkünften [244]). Mit der Reichsstadt Frankfurt ging derselbe 1389 eine noch nähere Vereinbarung ein, in welcher er sich verbindlich machte keinen ihrer Feinde in seinen Vesten Aufenthalt zu gestatten, sondern in jeder Beziehung der Stadt bestes helfen zu rathen und zu fördern, sowie auch die dasigen Bürger, deren Rechte und zwei Jahrmärkte oder Messen zu schirmen. Dafür entrichtete ihm der Rath 1600 Gulden, die er jedoch, wenn dieser Vertrag gekündiget würde, nach eines Jahres Verlauf wieder zurückerstatten sollte, weshalb er zur Sicherheit das Dorf Mörsfelden einsetzte [245]). Nach Jahresfrist beschwor er mit den Ganerben den Burgfrieden zu Frankenstein in der Pfalz, welche frühere leiningische Veste seither durch die beiden Erzbischöfe Kuno und Werner theilweise an Falkenstein gekommen war [246]).

Im Jahre 1390 brachten er und sein Oheim Philipp VII. von dem Abte Friederich von Fulda und von dessen Konvente das Dorf Grospeterweil nebst noch einigen Zehnten in anderen Orten um die Summe von 5700 Goldgulden käuflich an sich [247]). Allein ungeachtet dieser Erwerbung war jener Philipp VIII. in seinen ökonomischen Verhältnissen sehr zurückgekommen, wie dies bereits aus dessen bisherigen häufigen Geldaufnahmen er-

---

[243]) Datum anno Dni. 1385 feria tercia post Pascha. Daselbst Nr. 374.

[244]) Datum ao. Dni. 1387 in festo nativ. Joannis baptiste. Remling's Klöster und Abteien der Pfalz I, 356, Nr. 58.

[245]) Lersner's frankfurter Chronik II, 315 und 316.

[246]) Geben da man zalt zv latin Ao. Dni. 1390 proximo die ante festum sancte Margaretho virginis. Kopie aus dem speierer Kreisarchive, kurpfälz. Abth. Fasc. 403, s. auch meine Gesch. der pfälzischen Burgen II, 402—404.

[247]) Der da gegeben wart in dem Jare etc. 1390 Jaro, ame Donnerstage nach Sant Luce tage des heiligen Euangelisten. Gudeni cod. dipl. mog. V, 839, Nr. 80.

sichtlich, bis er endlich soweit bedrängt wurde, dass er seinem
ebenangeführten Oheime Philipp VII. im Jahre 1392 seinen
Theil an der Gesammtherrschaft Falkenstein-Münzenberg: Schlösser, Land und Leute nebst allen Zubehörungen für die bedeutende Summe von 100,000 Gulden verkaufen musste und ihm
dieselbe unter folgenden Bedingungen als Eigenthum abtrat[248]).
Würde nämlich der Verkäufer noch männliche Leibeserben er-
zielen, so müsse sein Oheim denselben die Herrschaft um die
Kaufsumme wieder zu lösen geben; erzeuge er indessen nur
Töchter, so sei jener verbunden sie zu versorgen und auszu-
statten; übrigens sollten aber seine bisherigen Unterthanen
durch ihren neuen Herrn bei den ihnen zustehenden Gnaden,
Berechtigungen und Freiheiten erhalten und gehandhabt werden. Seit dieser Zeit bediente sich Philipp VIII. des Erb- oder
Reichskämmerertitels nicht mehr, sondern solcher war nun mit
dem Besitze der Herrschaft ebenfalls auf seinen Verwandten
übergegangen, doch behielt er die Mitregierung sich theilweise
noch vor und liess deshalb seinen Namen in diejenigen Urkunden setzen, welche die von ihm verkauften Länderstücke
oder Ortschaften betrafen. Entweder nahm er also diese Veräusserung vor, um mit dem Kaufpreise vorerst die hochaufge-
laufenen Schulden zu decken oder um überhaupt ruhiger und
sorgenloser leben zu können. Vielleicht hatte er dabei auch
die Absicht, die falkensteiner Stammgüter mit um so grösserer Sicherheit, Gewissheit und rechtlich auf den letzten weltlichen Erben seines Hauses, Philipp VII. sowie auf dessen Kinder
zu bringen. Jedoch am wahrscheinlichsten ist, dass all' diese
Gründe ihn zu diesem Schritte bewogen haben mögen.

Nach zweier Jahre Verlauf erwarb Philipp VIII. wieder
käuflich von einem Bürger zu Kaiserslautern und von dessen
Ehefrau eine bei Winnweiler befindliche Wiese für 100 rheinische Gulden[249]). 1395 gelobte er mit seinem Vetter Philipp VII. gemeinschaftlich mit zwei gräflichen Brüdern von

---

[248]) Datum ipso die bte. Lucie virginis Ao. Dni. 1392. Daselbst III, 602, Nr. 385.
[249]) Datum Ao. 1394 crastino sanctorum Viti et modesti.
Falkensteiner Kopialbuch Nr. 185, fol. 1 a.

Leiningen-Rixingen und mit dem Ritter Diether Steben von
Inseltheim aufs neue den Burgfrieden in Frankenstein [250]). Er
begleitete den römischen König Ruprecht von der Pfalz im
Jahre 1401 auf seinem Römerzuge nach Italien [251]) und löste
1403 von den Dynasten und Verwandten Engelhart und Konrad von Weinsberg, Vater und Sohn, diejenigen Güter, welche
deren Gattin und Mutter aus dem Nachlasse der Lukard von
Falkenstein von dem leiningischen Erbe zugefallen waren, mit
4000 Pfund Heller oder mit 3333 Goldgulden wieder an sich,
wofür jene demselben ihr Dorf Pretach als Wiederlegung ein-
räumten [252]). Noch in mehreren Verhandlungen erscheint er
mit Philipp VII. und auch, wie eben mit den Herren von
Weinsberg, einigemal selbständig handelnd, woraus zu schliessen,
er habe sich noch einige Güter und Besitzungen insonderheit
bei der Burg Hayn zum Dreieich zur Verfügung vorbehalten:
denn 1404 verpfändete ihm sein Vetter Ulrich von Hanau wegen
einer Schuld von 87 Gulden seinen Wald Kobershart, im
Dreieich bei dem Hayn gelegen [253]). Im nämlichen Jahre treffen
wir ihn wieder an in vier Urkunden wegen des Dorfes Sprendlingen und dann über drei Burglehen zum Hayn [254]). Mit
zwei Grafen von Nassau und mit Reinhart von Westerburg vollbrachte er auch 1404 eine Richtung und Entscheidung,
um den Zweiungen zwischen dem Grafen Adolf von Nassau,
sowie zwischen Gottfried und Eberhart, Gebrüdern und Herren
von Eppenstein, ein Ende zu machen und um künftigen Zerwürfnissen und Spännen zuvorzukommen [255]). Im September
versetzte und verschrieb der Erzbischof Johann in Mainz mit der

---

[250]) Datum ao. Dni. 1395 Sexta feria proxima ante diem Galli
confessoris. Ungedruckt in meinem Besitze.

[251]) Hessisches Archiv I, 65.

[252]) Der gegeben wart vff den Dinstag vor Sannt Micheltag
des Ertzengels etc. 1403ten Jare. Ungedruckt etc.

[253]) Datum Ao. Dni. 1404 feria secunda post Dominicam qua
cantatur Invocavit. Gudeni cod. dipl. V, 860, Nr. 94.

[254]) Daselbst V, 863—865, Nr. 97, 99, 100 und 101.

[255]) Gegeben 1404 Jare uff den nesten Mitwochen nach dem
heiligin Pfingstage. Senckenborg. Selecta juris et histor. I, 324, Nr. 8.

Zustimmung seines Domkapitels seinem Schwager Philipp VIII.
Schloss und Stadt Hofheim nebst den dazugehörigen sechs
Dörfern, jedoch auf Wiedereinlösung für 8900 gute schwere
rheinische Gulden ²⁵⁶). Weitere urkundliche Spuren von dem-
selben sind sonst nicht vorhanden, denn er starb frühzeitig im
Jahre 1407 ohne Leibeserben als der letzte seiner Linie ²⁵⁷).
Dessen Lebensgefährtin Elisabetha war die Tochter seiner an
Eberhart von Eppenstein vermählten Schwester Lukard. Sie
erhielt 1407 als Wittwe vermöge einer Uebereinkunft mit ihrem
Schwager, dem Erzbischofe Werner von Trier, sämmtliche be-
wegliche Habe, Silbergeschirr, Vieh, überhaupt was zu dem
Schlosse Lich gehörte, musste aber dagegen auf alle Ansprüche
an das ausgeliehene Geld und an die Pfandschaften verzichten ²⁵⁸).
Sie begegnet uns noch in Urkunden aus den Jahren 1409 und
1410, war aber schon vor 1422 eine Beute des Todes ²⁵⁹).

g. Die durch Kuno I. gestiftete, 1409 ausgestorbene falkensteiner Linie.

Wir haben bereits oben vernommen, Kuno I. von Falkenstein hätte eine eigene Linie begonnen und sei vor dem
Jahre 1329 aus der Welt schon geschieden. Diese Linie wäre
nun noch nachzuholen, was in aller Kürze geschehen kann,
weil dieselbe schon 1409 mit dem Enkel des Gründers wieder
ausstarb. Doch zur Vermeidung jeder Weitschweifigkeit können
wir überhaupt nicht berühren oder beachten die während dieser
Zeit in der Wetterau aufgetauchten unaufhörlichen Fehden und
Reibereien unter den Edeln und sonstige unbedeutende Vorfälle,
welche mit unsern Falkensteinern nicht in Verbindung stehen.
Kunos I. Sohn Philipp V. wird nach seines Vaters Ableben

---

²⁵⁶) Datum ipso die nativ. b. Mario virg. ao. dni. 1404. Orig.
im koblenzer Archive.

²⁵⁷) Joannis rerum moguntiacarum I, 815, tab. gen. eppstein.
sign. †.

²⁵⁸) Der gegeben ist zu Erembreitstein da man zalte etc. 1407
jare des 10den dages des mnendes des Meyes. Orig. im Archive
zu Koblenz.

²⁵⁹) Joannis rer. mog. I, 815, tab. genealog. eppstein. sign. †.

nur einmal angetroffen in einem Vertrage, dessen wir schon oben im Jahre 1329 bei dem Rauhgrafen Heinrich Erwähnung gethan, und erscheint derselbe darin mit seinen Brüdern Kuno und Johannes. Allein er starb schon am 11. April 1343 in der Blüte seines Lebens dahin und fand seine Ruhestätte in der Abtei Arnsburg [200]). Seine Gattin hiess Elisabetha und war, wie uns eine Urkunde von 1346 belehrt [261]), eine Schwester Ulrichs von Hanau. Kinder hinterliess er drei: zwei Söhne und eine Tochter, nämlich Philipp VII. den letzten des falkensteiner Mannesstammes und dessen Bruder Ulrich; die Tochter Agnes aber war an Philipp VIII. von Falkenstein vermählt. Wir haben diese bereits schon früher zur Genüge kennen gelernt. Philipp VII. und Ulrich waren bei ihres Erzeugers allzu frühzeitigem Ableben noch ganz zarten Alters und kamen desshalb unter die Vormundschaft ihres Oheims Kuno, des nachherigen Erzbischofes von Trier, bis zum Jahre 1349. Kaum aber war der älteste volljährig geworden, so anerkannte er nebst seinen Oheimen und Verwandten Ulrich von Hanau, Johannes von Falkenstein und Philipp dem älteren oder VI., Karl IV. als römischen König. Dafür versprach ihnen dieser Monarch 8000 Pfund Heller zu entrichten [262]). Nach Philipps IV. Hinscheiden war die Stadt Butzbach an Philipp V. und zugleich an seinen Bruder Johannes gekommen, welch' letzterer und sein Neffe Philipp VII. im Jahre 1349 als weitere königliche Gunst von dem Reichsoberhaupte Karl IV. die Erhöhung ihres Zolles in Butzbach erlangten. Durch diese guten Gefälle sollten sie in den Stand gesetzt werden Wege, Brücken und Stege sowol inner- als ausserhalb der Stadt machen, verbessern und unterhalten zu können. Dieses Privilegium erweiterte ihnen der Kaiser 1356 noch mehr [263]). Allein trotz dieser Zollerträgnisse hatte Philipp VII. dennoch viele Schulden. Er musste daher

---

[200]) Unter folgender Grabschrift: Anno MCCCXLIII obiit Philippus de Falkenstein in Vigilia Parasceves.

[261]) Datum Ao. Dni. 1346 in die beati Thome Apostoli. Aeneae Sylvij hist. Fried. III Imp., Fol. 233.

[262]) Bernhard Antiquitates Wetteraviae 270.

[263]) Hessisches Archiv I, 26 in den Noten.

1359 dem Hartmut von Kronberg das Versprechen geben, die ihm
verpfändeten beträchtlichen Gilten nicht mit Hellern, sondern
mit Gulden auszulösen [264]). Indessen gelangte er später besonders rücksichtlich seines Oheims, des Kurfürsten Kuno in
Trier, zu solcher Gnade bei Kaiser Karl IV., so dass er sich
grosse Hoffnung machte von demselben die Landvogtei in der
Wetterau zu erlangen. Darum bewog er seinen mütterlichen
Oheim Ulrich von Hanau, der dieselbe innehatte, vorläufig zu
dem Gelöbnisse, sie ihm auf jenen eintretenden Fall überlassen
zu wollen. Nachher suchte er jedoch dem Hanauer diese Landvogtei mit Gewalt zu entreissen. Das aber fiel für ihn äusserst
nachtheilig aus, indem derselbe ihn nicht nur in offenem Felde,
sondern auch vor den Reichsgerichten besiegte.

Weil in dieser bedeutenden Fehde ausser dem von Hanau
zugleich die vier wetterauer Städte Frankfurt, Friedberg, Wetzlar und Gelnhausen nebst dem trierer Erzhirten Kuno, sowie
auch Philipp VI. von Falkenstein gegen unseren Philipp VII.
vereinigt standen und thätig waren, so scheint dies zuverlässig
auzudeuten, letzterer müsse den unter des Kaisers Mitwirkung
im Jahre 1359 errichteten wetterauer Landfrieden gebrochen
haben. Gleichwol kam es erst 1364 zu ernsten Thätlichkeiten,
da der Graf Johann von Dietz und eine grosse Zahl von Strei-
tern aus dem niederen Adel sich mit Philipp VII. verbündeten
und dessen Gegnern Fehdebriefe zusandten. Der Reichsschult-
heis in Oppenheim, Heinrich zum Jungen, suchte zwar den
Frieden zu vermitteln und wurde desshalb auch im Jahre
1364 ein Waffenstillstand verabredet, allein die Feindseligkeiten
erneuerten sich sogleich wieder und Philipp VII. wollte sich
auf eine nochmalige, ihm im April 1365 angebotene Waffenruhe
durchaus nicht mehr einlassen. Inzwischen hatte aber Herr
Ulrich von Hanau als Landvogt in der Wetterau dem Kaiser
einen Bericht über die bisherigen Vorgänge erstattet. Demzufolge verfiel Philipp VII. noch während des Monats April 1365
in des Reiches Acht und erging daraufhin der Befehl, denselben

---

[264]) Datum Ao. Dni. 1359, ipso die Nativitatis beati Johannis
Baptiste. Gudeni cod. dipl. mog. V, 821, Nr. 67.

wieder anzugreifen und dessen Dörfer, Lande, Leute, Wälder
etc. überhaupt wo und wie man nur könne ihn zu beschädigen.
Zudem hatte auch auf des Landvogtes Begehren der Landgraf
Heinrich von Hessen seinen Unterthanen aufs strengtse verboten,
dem Geächteten Lebensmittel zu verkaufen oder ihm und den
Seinigen auf sonstige Weise behilflich zu sein. Die Verbündeten Ulrich von Hanau, Johannes von Falkenstein und die vier
genannten Reichsstädte vereinigten sich daher 1365 dahin, die
von ihnen eroberte Burg und Stadt Lich und die Veste Warnsberg einstweilen gemeinschaftlich zu gleichen Theilen in Besitz
zu nehmen und benützen zu wollen, jedoch unter der ausdrücklichen Bedingung: keiner von ihnen dürfe seinen Antheil einem
Fürsten, sogar auch nicht an Philipp VII. veräussern. Dieser
wehrte sich aber sehr tapfer gegen seine zahlreichen Feinde
und fügte ihnen grossen Schaden zu; denn als Philipp VI. im
Januar des Jahres 1366 aufs neue eine Anzahl Söldner annahm,
liess er dieselben zugleich auf allen Schadenersatz verzichten,
den sie vielleicht wegen früherer, in seinem Dienste erlittener
Niederlagen u. s. w. ansprechen könnten. Die vier wetterani-
schen Städte wurden indessen solcher langwierigen Fehde zuerst
müde. Sie stellten daher dem Reichsoberhaupte vor, dass dieser
Kampf ihnen schweren Nachtheil bereitet und viele Kosten verur-
sacht hätte. Darauf kam es unter Vermittlung der Grafen Walram
zu Spanheim und Wilhelm von Wied vorerst im Juni zu einem
Stillstande, dann im Juli 1366 zur vollständigen Aussöhnung
mit jenen vier Städten [265], endlich auch zum wirklichen Frieden.
Vermöge dessen erhielt unser Falkensteiner seine sämmtlichen
Besitzungen und auch den väterlichen Theil an der Wetterau
wieder zurück mit alleiniger Ausnahme der Burg Warnsberg [266].
Nach so vielen und schweren Stürmen lebte nun Philipp
VII. friedlich in seinen Besitzungen. Indessen zu lange Ruhe
ward ihm unerträglich. Der trierer Prälat Kuno musste im
Jahre 1383 abermalige Zerwürfnisse und Spänne zwischen diesem

---

[265] Datum anno Dni. 1366 sabbathi unte diem B. Margarethe
Virginis. Lünig's Reichsarchiv Spic. succ. II, 1665, Nr. 9.
[266] Siehe hierüber Bernhard's Antiquit. Wetterav. 275 etc.
und hessisches Archiv I, 58—62.

seinem Neffen und dem Edeln von Sachsenhausen wegen der Burg Neufalkenstein am Taunus entscheiden [267]), und stellte letzterer 1388 dem Abte von Fulda einen Revers aus über das Lehen zu Reichelsheim, welches er wegen der vorerwähnten langjährigen Fehden früher und bisher nicht hatte in Empfang nehmen können [268]). Sein schon so oft genannter Oheim Kuno von Trier segnete das Zeitliche im Jahre 1388. Er wollte daher dessen hinterlassenen sogenannten Schatz d. h. sein Vermögen sogleich und allein aus dem Grunde in Anspruch und Besitz nehmen, weil diese Vorräthe angeblich während seiner Minderjährigkeit nur aus der Herrschaft Falkenstein geflossen seien. Allein sein Neffe, der Erzbischof Werner zu Trier, lieferte dieselben nicht aus. Nach Jahresfrist vermachte Philipp VII. dem Kloster Altenburg bei Wetzlar seine Güter zu Gambach, wofür jedoch die Nonnen verpflichtet waren die Jahrgedächtnisse seines Vaters, seiner Mutter Elisabetha, seines Bruders Ulrich, seiner Schwester Agnes und seines trierer Vetters Kuno mit Vigilien und Messen feierlichst zu begehen [269]). Wir haben bereits schon vernommen, jener Herr habe im Jahre 1392 von Philipp VIII. die gesammte und durch diese theilweise besessene Herrschaft Falkenstein-Münzenberg käuflich an sich gebracht, daher beide 1393 für Bernhart Niegenbauer einen Lehenbrief ausstellten [270]). Im nämlichen Jahre erhielt Philipp VII. von der Stadt Frankfurt ein Darlehen von 1100 Gulden, wofür er Peterweil zur Sicherheit einlegte und sich zugleich verbindlich machte, das dortige Schloss dem Rathe im Nothfalle zu öffnen, sowie auch ihre mit Kaufmannsgütern reisenden Bürger in jenen Ort einzulassen und ihnen daselbst Herberge zu gestatten [271]). Allein

---

[267]) Der gegeben ist zu E. instein etc. 1383 Jare uff sant Laurencien tag dess heilgin Merttelers. Gudeni cod. diplom. V, 833, Nr. 77.

[268]) Datum Anno Domini 1388 in die Sancti Osswaldi Regis. Daselbst V, 836, Nr. 78.

[269]) Datum Ao. Dni. 1389. ipso die Concept. beate Marie virginis genetricis Dei. Daselbst III, 588, Nr. 374.

[270]) Actum et datum Ao. Dni. 1393 dominica proxima post diem Beati Valentini Martiris. Das. V, 843, Nr. 84.

[271]) v. Lersner's frankfurter Chronik II, 317.

nach eines Jahres Verlauf nahm derselbe schon wieder theil an der Fehde der Grafen Philipp von Nassau und Diether von Katzenelnbogen gegen die Ritter Johann von Kronberg und Eckart von Elkershausen, während welchen Strausses des letzteren Burg eingenommen und gebrochen ward. Endlich aber 1396 kam doch eine Sühne zwischen den Betheiligten zustande [272]), und zur nämlichen Zeit vertauschte er noch eine Wiese mit der Aebtin und dem Konvente zu Padenhausen [273]).

Nicht lange darauf ging eine merkwürdige Veränderung vor in unserem Hause. Der deutsche König Wenzeslaus erhob unseren Philipp VII., den nunmehrigen alleinigen Herrn und Besitzer der bedentenden falkenstein-münzenberger Lande, im Mai 1398 während seiner Anwesenheit zu Frankfurt in den Grafenstand [274]) und ernannte ihn zugleich zu seinem Rathe [275]). Noch in demselben Jahre ward er wiederholt einer dreifachen königlichen Gnade theilhaftig. Wenzeslaus gestattete ihm vorerst das Recht zu Peterweil und Offenbach am Main einen Zoll anzulegen [276]), der jedoch im Jahr 1400 wieder aufgehoben wurde [277]); ferner erlaubte er ihm seinen Antheil am Zehnten in Nierstein verpfänden oder veräussern zu dürfen [278]); endlich ertheilte der König dem Erzbischofe Friederich in Köln den Auftrag: die Ansprüche, welche Philipp VII. seiner Gemahlin wegen an den Grafen Adolf von Cleve und von der Mark er-

---

[272]) Datum Ao. Dni. 1396 quinta feria ante Galli confessoris. Wenck's hessische Landesgesch. I. Urkundenbuch 207, Nr. 281, siehe auch Würdtwein subs. dipl. nova VIII, 396 ad a. 1395.

[273]) Anno Domini 1396. Gudeni cod. dipl. V, 847, Nr. 86.

[274]) Siehe v. Lersner's frankfurter Chronik I, 81.

[275]) Wie wir aus nachstehender Urkunde ersehen.

[276]) Geben zu Franckenfurt etc. 1398 des Donerstages nach dem Obristen tage. Gudeni cod. dipl. V, 848, Nr. 88.

[277]) Geben uff dem Berge zum Chutten nach Christus Geburth etc. 1400 des Sonnabends vor dem Sonntag Judica in der Fasten. Lünig's Reichsarchiv spic. saeculare II, 1668, Nr. 11.

[278]) Geben zu Meintz noch Christes Geburt 1398 an sand Pauls tage Conversionis etc. Gudeni cod. dipl. mog. V, 847, Nr. 87.

, hebe, entweder in der Güte oder rechtlich zu entscheiden [279]).
Seitdem führte Philipp den Titel Graf zu Falkenstein und Herr
zu Münzenberg. Er in Verbindung mit seinem Vetter Philipp VIII. verpfändete 1401 wegen einer Schuld zu Friedberg
verschiedene Einkünfte [280]). Ein Jahr später erscheinen beide
abermals gemeinschaftlich, als sie ihr Ueberfahrtsrecht am Rhein
zwischen Mainz und Oppenheim um jährliche 16 Mark kölner
Pfenninge an 16 Fährlente in Bestand verliehen [281]). 1404 kommen sie nochmals vereint vor in zwei Dokumenten, nach dessen
ersterem der Amtmann zu Bacharach, Wilhelm von Waldeck,
von dem falkensteiner Grafen 10 Gulden, fällig zu Hilbersheim, als
Mannlehen innehatte. Diesen Betrag bezahlte ihm Philipp VIII.,
verlegte ihn dann aber auf Hechtsheim bei Mainz [282]); durch
das andere Aktenstück freieten jene zwei Herren mehrere
Güter eines ihrer Vasallen in der Burg zum Hayn [283]).

In sehr hohem Alter stehend war unser Herr der Regierung seines Landes überdrüssig geworden. Er übergab daher
die Verwaltung desselben 1407 seinem Neffen, dem trierer Kurfürsten Werner, dem letzten männlichen Gliede seines Hauses
und Stammes. Dieser Prälat führte den Namen „mondbar vnd
vormunder" des edlen Grafen Philipp VII. von Falkenstein.
Unmittelbar nach dem Antritte seines Amtes liess er zwischen
dem ebengenannten Grafen und den Herren Reinhart und Johann von Hanau durch den König Ruprecht eine Rachtung
errichten über den unter ihnen streitigen Besitz der Schlösser
Münzenberg, Hayn und Assenheim. Kraft dieser Rachtung
haben der Prälat Werner und der Graf fünf Theile an jenen

---

[279]) Geben zu dem Guldeinen tale noch Christus Geburt 1398
des Montages noch Ostern etc. Daselbst V, 850, Nr. 89.
[280]) Datum Ao. Dni. 1401. Sabbato proximo post diem Sancti
Bartholomei. Daselbst V, 851, Nr. 90.
[281]) Der gegeben ist in dem Jare du man zulte nach Christus
Geburte 1402 Jare. Das. V, 857, Nr. 92.
[282]) Datum Ao. Dni. 1404 feria quinta proxima post Unicam.
Letare Jherusalem. Das. V, 860, Nr. 95.
[283]) Datum Ao. Dni. 1404 ipso die beate Walpurgis Virginis.
Daselbst V, 863, Nr. 98.

Burgen künftighin zu besitzen, die von Hanau aber nur das
übrige Sechstheil daran zu benützen, beide Parteien jedoch sollen
wegen des zugefügten Schadens sich mit einander abfinden oder
durch andere vergleichen lassen [264]). Graf Philipp VII. entschlief zum besseren Leben am 18. Januar 1409 zu Butzbach,
wo er auch in der dortigen Kirche seine Ruhestätte fand [265]).
Seine Ehegenossin hiess Margaretha, eine geborene Gräfin von
der Mark, mit welcher er sich laut des Ehevertrages [286]) im
Jahre 1375 vermählte. Sie lebte noch 1394, denn Wilhelm von
Jülch, Herzog zu Berg, erkaufte in diesem Jahre von seinem
lieben Schwager dem Grafen Philipp von Falkenstein und von
dessen Gattin Margaretha von der Mark die ihnen auf dem
Zolle zu Kaiserswerth angewiesenen Hinlichs- oder Ehegelder
zu 2400 Gulden und verlegte diese mit jährlichen 2000 Gulden
auf Schloss und Land Sinzich, jedoch unter der Bedingung:
falls Sinzich erobert werden würde, so sollten dann Burg, Stadt
und Land Blankenberg zum Unterpfande dienen [267]). Ihr Sterbe-
jahr ist nicht bekannt und Nachkommen hinterliess sie mit
ihrem Eheherrn ebenfalls nicht. Die Linie Kunos I. hatte daher
mit dessen Tode ihr Ende erreicht.

h. Erzbischof Werner von Trier, Vormund über die Grafschaft Falkenstein-Münzenberg bis an sein Lebensende.

Von dem alten falkensteiner Stamme, nachdem die beiden
seither blühenden Linien während der Jahre 1407 und 1409

---

[284]) Geschehen zu Bacherach uff sent Jacobstage des heil.
zwolffboten etc. 1407 etc. Orig. im k. Prov.-Archive zu Koblenz.

[285]) Seine Grabschrift lautet: Anno MCCCCIX postridie An-
tonij obiit vir nobil. Dns. Philippus Comes in Falkenstein et Dn.
in Minzenberg, cujus anima requiescat in pace. Bernhard Antiq.
Wetteraviae 214 und in anderen Werken.

[286]) Der gegeben ist zu Lynss etc. 1374 Jare, na Gewonheide
zu schriben im Stiffte von Trier, uff Donrstag alrenest na dem
Sondage, als man singet in der heiligen Kirchen Invocavit. Gudeni
cod. dipl. mog. V, 830, Nr. 73.

[287]) Der gegeben ist zu Molnheim uff dem Rine, uff sente
Agneten Abint, in den Jaren etc. 1394. Daselbst V, 844, Nr. 85.

beinahe zu gleicher Zeit im Mannesgliede erloschen. war nur
noch der Erzbischof Werner zu Trier als einziger männlicher
Sprössling vorhanden. Wir haben diesen zuletzt als Vormund
oder Verwalter der Gesammtgrafschaft Falkenstein-Münzenberg
kennen gelernt. Es sind demnach zur Vervollständigung der
Geschichte des falkensteiner Geschlechtes und ehe die Lebensskizzen der beiden trierer Prälaten Kuno und eben dieses Werner
erfolgen. die sparsamen Nachrichten und Urkunden über das
Wirken und die Thätigkeit des letzteren als „Mondbar" oder
Vormund vom Jahre 1407 bis 1416 noch nachzuholen.
Wir wissen aus dem Vorhergehenden, der Erzhirte Johann
zu Mainz habe 1404 seinem Schwager Philipp VIII. von Falkenstein die Stadt Hofheim mit ihren Zubehörden für 8900 Goldgulden verpfändet oder wiederlöslich verschrieben. Da jedoch
der Pfandherr im Mai 1407 als der letzte seiner Linie das
Zeitliche gesegnet, so stellte unser Vormund verbunden mit dem
Grafen Philipp VII. im folgenden Monate jenem mainzer Prälaten die Versicherung aus: ihm sowol die Auslösung als auch
die Oeffnung Hofheims jederzeit gestatten zu wollen [288]). Ebenso
hatte auch der Graf Philipp zu Nassau-Saarbrücken dem Vormunde Werner die Hälfte des ihm von dem Abte Johannes zu
Fulda versetzten Schlosses Bingenheim übertragen, wogegen der
Abt mehrere Wochen nachher ebenfalls einen Rückschein erhielt:
ihm inhaltlich der Verschreibungen des nassauer Grafen und
seines verstorbenen Bruders Philipp VIII. bei der Einlösung das
halbe Schloss wieder zukommen zu lassen [289]). Der trierer Erzbischof war demnach sichtlich bemüht die früheren Verbind-
lichkeiten seiner Familie wie auch seine eigenen Angelegenheiten in Ordnung zu bringen. Das erhellt noch besonders aus
folgenden Vorgängen. Werner stand nämlich in einer schweren
Fehde mit Peter von Kronberg. Während dieser wurde dem
Dynasten Johann von Vinstingen, Herrn zu Falkenstein und zu

---

[288]) Datum Stolzenfels ao. dni. 1407 die X mensis Junij.
Orig. im kgl. preuss. Provinzialarchive zu Koblenz.
[289]) Datum Wernhersecke anno dnj. 1407 cratino Petri et
Pauli apostolorum. Orig. daselbst.

Bettingen, iu den mit Trier gemeinschaftlichen Orten Munden, Steinheim und in andern Dörfern durch die trierer Kriegsleute mittelst Brand und Name (d. h. Raub) grosser Schaden zugefügt und bis jetzt nicht vergütet. Unser Werner liess ihm deshalb im nämlichen Jahre dafür als Ersatz 5000 gute schwere rheinische Gulden zu Trier ausrichten, und der von Vinstingen leistete Verzicht nicht nur auf alle ferneren Ansprüche an das Erzbisthum, sondern machte sich noch pflichtig die bisherigen trierer Lehenstücke sogleich und aufs neue zu empfangen, ja sogar dem Erzbischofe sowie seinen Freunden und Anhängern im Nothfalle und zu Fehdezeiten in seinen sämmtlichen Burgen Enthalt und Oeffnung zu gewähren. Dafür hatte er bereits früher von jenem geistlichen Herrn 300 baare Gulden erhalten [290]). Diese Sühne ward von letzterem einige Tage darauf bestätigt und dem von Vinstingen auch die früheren trierer Lehenstücke übertragen. Bezüglich des Enthaltes io dessen Vesten erklärte er aber: wenn die 300 Gulden an Trier zurückbezahlt würden, so höre zwar der Enthalt und die Oeffnung in den vinstinger Burgen auf, allein deren Eigenthümer und seine Erben müssten demungeachtet dem trierer Prälaten von der falkensteiner „montschaft wegen als furgeschriben steet vnd als auch syne brieve davon clerlich selber usswisent, verbonden verliben" [291]).

In den ersten Tagen des folgenden Jahres schlossen die beiden Erzhirten Johannes zu Mainz und Werner zu Trier, dieser zugleich in seiner Eigenschaft als Verwalter und Vertreter der Grafschaft Falkenstein-Münzenberg, zum besten und Nutzen ihrer Gebiete und auf dass ihre Lande, Leute und Unterthanen „in freden vnd ane Krieg blyben mogen", ein festes iuniges Bündniss unter den damals üblichen Bedingungen mit einander ab: nämlich sich gegenseitig Schutz, Hilfe und Beistand zu leisten, sowie auch Liebe und Frieden unter sich zu

---

[290]) Geben do man zalte 1407 uff des heilgen Crützdag als iz derhaben wart. Orig. eben dahor.

[291]) Datum Stoltzenfels ao. dni. 1407 sabbato post diem Exaltationis sancte Crucis. Orig. zu Koblenz.

üben etc. und dass deswegen fünf edle Rathsmänner gemeinschaftlich mit ihren eigenen Amtsleuten ihre etwaigen Irrungen in
der Güte oder mit der Minne zu Bingen anstragen sollten [292]).
Am Schlusse dieses Jahres verlieh aber der Vormund Werner
den Bürgern der Stadt Lich, die jetzt daselbst wohnen oder in
Zukunft darin ansässig sein würden, von der Grafschaft Falkenstein wegen für ewige Zeiten die Gnade und Freiheit, dass sie
ihrem Gebieter und Herrn aufs künftige jährlich nur 300 gute
schwere rheinische Gulden zu entrichten verbunden sein sollten,
jedoch vorbehaltlich der sonstigen herrschaftlichen Rechte und
Befugnisse daselbst [293]). Ebenso gnädig erzeigte er sich auch
gegen den Ritter Romilian von Covern, da er demselben und
seinen leiblichen Lehenserben wegen seiner dem falkenstein-
münzenberger Lande bereits geleisteten vielen und treuen
Dienste, „die er auch noch alletage kostlich vnd swerlich dont
vnd dun sal vnd mag“, einen alten Turnos von jedem Fuder
Wein am Zolle zu Capellen als falkensteiner Lehen verlieh und
deshalb dem jetzigen Zollschreiber daselbst für ihn und seine
Nachfolger im Amte die nöthige Weisung zugehen liess [294]).
Später nahm Werner den Sifridt Wamolt von Umstadt wiederholt als Burgmann im Hayn zur Dreieich an und zwar für zehn
gute schwere rheinische Gulden, die der jeweilige Kellner daselbst ihm und seinen männlichen Nachkommen jährlich auf
St. Martinstag zu liefern hätte. Ueber diese Verleihung musste
er sich aber besonders reversiren [295]).
  Einer namens Henne Waltmann war vor längerer Zeit durch
falkensteiner Reisige zu Elbstat (Ilbenstadt?) erschlagen oder
ermordet worden. Ein Verwandter des Getödeten, Hammann

---

[292]) Datum Bacherach dnica. infra octavas Ephie. Dni. anno
eiusdem 1408. Orig. eben daher.
  [293]) Der gegeben ist zu Erembroitstein 1408 uff sente Johanes
dag des heil. Ewangelisten. Orig. daselbst.
  [294]) Datum Erembroitstein ao. dni. 1408 die VII mensis Jan.
iuxta stilum scribendi in diocesi nostra Treviren. Orig. eben daher.
  [295]) Datum Erembretstein anno dnj. 1409 die XXVI mensis
Maji. Orig. daselbst.

Waltmann, war später mit dem Grafen Philipp VII. und mit unserm Vormunde zu „ansprache vnd fientschafft" gekommen, so dass, da jener Philipp VII. im Januar 1409 des Todes verblichen, auf des Erzbischofes Anrufen und Bitten der König Ruprecht sich dieses Handels annahm und auch zwischen beiden streitenden Theilen eine Sühne zustande brachte. Sie vereinigten sich in der Güte und sollten demnach wegen aller „fientschafft. krieg vnd znspruche etc. die sich verlauffen haben mit todslegen, braude, name vnd andern dingen etc. gentzlich vnd gar gerichtet vnd gesunet syn ane alles geverde". Allein in dieser heftigen Fehde, „in eyme frieden" d. h. während einer Waffenruhe wurden den armen trierer Unterthanen durch jenes Hammanns Leute fünfzehn Pferde entwendet. Da jedoch letzterer hievon nichts wissen wollte, sondern erklärte, es sei dies gegen seinen Willen geschehen und wäre ihm dieser Vorgang sehr leid, und weil auch von jenen Pferden wieder drei eingebracht waren, so erliess der König folgende Entscheidung: der genannte Hammann müsse dem Vormund Werner für die zwölf fehlenden Rosse 50 Gulden bezahlen und dürfe dann auch in Jahresfrist gegen denselben und sein Erzstift nichts nachtheiliges mehr unternehmen [296]).

Letzterer besass auch in seiner Eigenschaft als Vormund über unsere Grafschaft in dem leiningischen Orte Bechtheim bei Worms ein ansehnliches Hofgut, bestehend in Gebäuden, Weinbergen, Aeckern etc. und reichlichen Einkünften u. s. w., das ihm aber Graf Emich VI. von Leiningen vermuthlich während eines früheren Strausses hinweggenommen und bisher widerrechtlich vorenthalten hatte. Dieses Zerwürfniss wurde jedoch endlich im Jahre 1410 folgendermassen ausgeglichen: jenes Hofgut sammt allen seinen Zugehörungen, Rechten, Freiheiten und Gefällen sollte von nun an dem Prälaten Werner und seiner Familie wieder zustehen und dürfe fürder derselbe in dessen Besitze nicht mehr beunruhigt werden; hinsichtlich des Schadens und der Kosten, welche Kurtrier durch diesen will-

---

[296]) Geben zu Heydelberg 1409 den 15 Juni vnsers rychs in dem nuynden jare. Orig. in Koblenz.

kürlichen Eingriff erlitten, vereinigten sich aber beide Parteien
dahin, dass darüber der Kurfürst Ludwig IV. von der Pfalz mit
seinen Räthen endgiltig zu entscheiden habe und müssten beide
sich deren Aussprache unterwerfen [297].
Erzbischof Werner war bekanntlich damals noch das einzige männliche Glied des falkensteiner Geschlechtes. Da nach
dessen Hinscheiden die Gesammtgrafschaft Falkenstein-Münzenberg nur an die Kinder und Enkel seiner drei Schwestern erblich fallen konnte, so traten die Grafen Gerhart von Sayn und
Ruprecht von Virneburg nebst dem Herrn Dyther von Isenburg
als Miterben im Jahre 1410 zusammen und errichteten eine
„gütliche Eyndreichticheit vnd Fruntschafft", worin sie weise
und vorsichtig einsweilen folgende Grundsätze festsetzten, die
bei der künftigen Erbtheilung zu Grunde gelegt werden könnten. Würde nämlich jener Prälat bei seinen Lebzeiten eine gütliche Uebereinkunft über dasjenige treffen was einem jeden von
ihnen aus diesem Erbe zufallen sollte, so müsse es dabei sein
Verbleiben haben und keiner dürfe darin einen sonstigen Vor-
theil oder Nutzen vor dem anderen suchen; gebe derselbe jedoch einem oder mehreren von ihnen Burgen oder Güter ein,
so mögen sie solche Stücke lebenslänglich behalten; geschehe
aber durch Werner nichts von diesem allem, so müsse später
eintretenden Falles der gesammte Nachlass unter die rechtmässigen Erben gleichheitlich vertheilt werden; würde indessen einer oder der andere in dem Genusse seines Erbtheiles
gestört oder gehindert, so sei es aller Betheiligten Pflicht sich
gegenseitig beizustehen und zu helfen; das gleiche müsse auch
hinsichtlich der Weiber und Kinder geschehen, wenn einer von
ihnen vor, während oder nach der Theilung Todes verfahren
würde; zugleich solle die vollbrachte Theilung fest verbrieft
werden, worin sich aber alle zu immerwährendem treulichem
Schutz und Beistande anheischig machen müssten; schliesslich
ward ihren Schwägern den Grafen zu Solms der Eintritt in

---

[297] Datum Ao. dni. 1410. Ipsa die beate Katharine virginis
et martiris. Aus einem Kopialbuche im fürstlich leiningischen Archive, fol. 16.

diese Verbindung offen oder vorbehalten, jedoch müssten sich auch diese verpflichten, vorstehende Bedingungen ebenfalls treulich halten und beobachten zu wollen [298]).

Unser Prälat und Vormund Werner hatte unterdessen den Grafen Philipp von Nassau - Saarbrücken zu seinem Antheile des Schlosses Wöllstein pfandweise „gnedeclich vnd fruntlich" kommen lassen, daher er die Verbindlichkeit einging, seinen gnädigen Herrn von Trier in der demselben zustehenden anderen Hälfte jener Veste, solange die Pfandschaft noch ungelöset sei, auf keine Weise zu „engen oder zu irren" oder dies seinen Angehörigen und Beamten zu gestatten, sondern ihn darin ruhig und friedlich sitzen zu lassen [299]). Die nämliche Verpflichtung übernahm auch unser geistlicher Herr zwei Tage später mit denselben Worten gegen jenen Grafen [300]). Der Dynaste Franke von Kronenberg, Walthers seligen Sohn, hatte wahrscheinlich von den älteren Fehden her noch eine Forderung von 5000 Gulden an das falkenstein - münzenberger Haus zugut und sollte davon jährlich 500 Gulden Zinsen beziehen. Da diese bereits drei Jahre lang rückständig, so trug der edle Junker Johann Graf von Solms zur Entlastung des Vormundes Werner 1412 diese Zinsen mit 1500 Gulden ab und stellte Franke denselben als späteren Miterben an der Grafschaft eine giltige Empfangsbescheinigung aus [301]). Auch im folgenden Jahre entlieh der nämliche Prälat von Johann von Lewenstein, genannt von Randeck, und von dessen ehelicher Hausfrau Margaretha ein Kapital von 1050 guten schweren rheinischen Gulden. Hiefür gab er ihnen das Schloss Falkenstein mit seinen Zubehörden in Amtsweise ein, um solches für den Bezug der jährlichen Burghutgefälle zu bewohnen und zu beschützen, bis jene Summe wieder abgetragen

---

[298]) Datum Anno Dni. 1410 in quadragesima Dominica die qua cantatur Oculi etc. Gudeni cod. dipl. mog. V, 868, Nr. 104.

[299]) Datum ao. dnj. 1411 ipso die beati Johannis baptiste. Orig. im k. Prov.-Archive zu Koblenz.

[300]) Datum Butzbach ipsa die sanctorum Johannis et Pauli Ao. dni. 1411. Orig. daselbst.

[301]) Datum Anno 1412 Dnica. proxima post Epiphanyam dni. Original eben daher.

sein würde. Dazu verschrieb und verwilligte er ihnen auf eben-
solange noch einen Zins von 90 Gulden rheinisch in dem
Dorfe Freimersheim jährlich zu erheben [302]). Der von Lewenstein gab noch desselben Tages gleichfalls einen Rückschein[303]).
Nach Jahresfrist bestätigte der König Sigismund dem trierer
Erzbischofe als Erben uuserer Grafschaft nicht nur die beiden
falkensteiner Zölle zu Mainz und zu Lahnstein und zwar jeden
mit einem Turnose, sondern er erneuerte ihm zugleich noch
alle Befreiungen, Gnaden und Briefe, welche seine Graf- und
Herrschaft von früheren Kaisern und Königen erhalten hatte,
als wären sie in dieser Urkunde wörtlich genannt und ange-
geben [304]).

Von unserm Vormunde Werner bestehen nur noch einige
Nachrichten vom Jahre 1416, aus welchen jedoch theilweise
hervorgeht, die falkensteiner Finanzen seien damals nicht zum
besten geordnet gewesen. Er hatte nämlich früher seiner Nichte
Anna von Solms bei ihrer Verheiratung mit dem Grafen Gerhart von Sayn ein Hinlichsgut von 6000 Gulden zugesichert
und ihr deshalb eine jährliche Rente von 600 Gulden auf Stadt
und Burg Hofheim angewiesen, später aber jenen Eheleuten
dafür Burg und Dorf Vallendar wiederkäuflich zu 12,000 Gulden überlassen. An dieser Summe erlegten sie ihm die Hälfte
sogleich, von der übrigen Hälfte sollten sie jenen Jahreszins
von 600 Gulden daselbst, nicht aber zu Hofheim erheben, bis
Vallendar durch ihn wieder eingelöset sein würde. Weil nun
der Erzbischof die Stadt Hofheim nachher dem Franke von
Kronenberg eingeräumt, so verschrieb und verlegte er dem
sayner Grafen sowie dessen Ehefrau Anna und ihren Erben
seine Burg und Stadt Assenheim mit allem was dazu gehörte,
um aus den dortigen Gefällen und Einkünften jene 600 Gulden
jährlich und zwar auf solange zu beziehen, bis das Erzstift

---

[302]) Datum anno dnj. 1413 die beati Johannis Ewangeliste.
Original daselbst.

[303]) Der gegeben ist ao. domini 1413 die beati Johannis Ewangeliste. Orig. daselbst.

[304]) Geben zu Collen nach Cristi Geburt 1414den Jare, an
sant Elsbethen tag. Gudeni cod. dipl. V, 881, Nr. 118.

Trier die Hälfte Vallendars mit 6000 Gulden wieder von ihnen ausgelöset hätte und was dergleichen Bestimmungen über Hofheim u. s. w. noch mehrere waren [305]). Um diese Zeit brachte auch der Graf Philipp zu Nassau - Saarbrücken von unserem Werner als Grafen zu Falkenstein und Herrn zu Münzenberg die Hälfte des Dorfes Reichelsheim gegen den dritten Theil des Gerichtes Gambach unter der Zustimmung des Abtes zu Fulda als Lehensherrn tauschweise an sich [306]). Zwischen den Erzbischöfen Johannes zu Mainz und jenem von Trier waren unterdessen eben der falkensteiner Grafschaft halber und ungeachtet ihrer im Jahre 1408 errichteten, obenerwähnten friedlichen Vereinbarung wiederholt „solche misselunge, jrrunge, zweidracht, zuspruche, forderunge vnd gespanne" der manigfaltigsten Art „verlauffen vnd offerstanden". Ihre beiderseitigen Freunde und Getreuen in Wesel traten nun zusammen, und durch deren Bemühungen wurden auch endlich die bisherigen Zerwürfnisse gütlich beigelegt und alle Anstände ausgeglichen [307]). Es würde jedoch zu weit führen, alle Bestimmungen des sehr gedehnten Dokumentes hier besonders aufzuzählen. Schliesslich ist aus diesem Jahre noch einer gottseligen Handlung des Prälaten Werner von Trier zu erwähnen, indem er der durch die bösen Zeiten sowie durch die Bosheit der Menschen äusserst benachtheiligten und ökonomisch sehr herabgekommenen Abtei Arnsburg zu seinem, seiner seligen Aeltern, Geschwister und Angehörigen ewigem Heile und Troste das Patronatrecht der Pfarrkirche zu Bretzenheim mit allen damit verbundenen Rechten u. s. w. übergab, schenkte und zugleich im Namen seiner Grafschaft und Herrschaft in aller Form Rechtens darauf Verzicht leistete [308]). Damit hatte dessen Thätigkeit für seine Familie ihr Ende erreicht. Er entschlief am 4. October 1413 zum besseren Leben.

[305]) Datum Erembreitstein die XX mensis Januarij ao. dni. 1415 iuxta stilum scribendi in diocesi nostra Treuirensi. Koblenzer Prov.-Archiv, vom Original.

[306]) Wenck's hessische Landesgesch. I, Urkundenbuch 244, Nr. 31.

[307]) Datum Wesalie sabbato post dnic. Oculi anno domini 1416. Orig. in Koblenz.

[308]) Datum cellis in Hamone Anno dnj. 1416 die octava mensis julij. Falkensteiner Kopialbuch, Nr. 185, Fol. 132 a.

i. Kune von Falkenstein, Erzbischof und Kurfürst zu Trier.

Kunos I. zu Falkenstein zweiter Sohn, nach seinem Vater Kuno benannt, Erzbischof und Kurfürst von Trier, geboren im Jahre 1320, war einer der bedeutendsten Männer und Regenten seiner Zeit. Wie schon oben angedeutet bildet er den Hauptglanzpunkt des falkensteiner Geschlechtes und wird dessen Lebensgeschichte hier auch in gedrängter Kürze besonders behandelt. Unserer Aufgabe gemäss kann dieselbe freilich nur als Skizze erscheinen, allein dieser Kuno verdiente in der That gleich seinem Vorvorgänger, dem aus dem luxemburger Hause stammenden und mit dem Erzhause Oesterreich nahe verwandten trierer Erzhirten Balduin, dem Bruder des deutschen Kaisers Heinrich VII., welcher den erzbischöflichen Stuhl gleichfalls eine lange Reihe von Jahren (von 1308 bis 1354) innegehabt, eine eigene ausführliche Biographie [309]).

Der Charakter Kunos ist mit wenigen Worten zu bezeichnen, er erhellt ganz klar aus folgender treuen Skizze. Kuno besass nicht nur kriegerischen Geist, Muth und Körperkraft, sondern auch Einsicht in die Kriegskunst, sowie Mässigung, Weisheit und Klugheit in der Ausführung kühner Entwürfe; er war ein gewandter Staatsmann und zugleich ein milder Regent. Auch liebte er Pracht und Aufwand, beschenkte viele Klöster und Kirchen und sorgte sowol für die Aufbesserung ihrer Einkünfte als auch für entsprechende geistliche Zucht in denselben durch strengere Beobachtung der Ordensregeln. Doch mit dieser Prachtliebe und seinem bedeutenden Aufwande vereinigte er anderseits auch wieder die grösste Sparsamkeit. Er sammelte solche beträchtliche Schätze, dass gar viele seiner Zeitgenossen, welche die Handlungen dieses weisen und einsichtsvollen Mannes sich nicht enträthseln konnten, ihn für einen Zauberer und Goldmacher hielten. Endlich verband Kuno mit allen diesen glänzenden Eigenschaften noch hohe Wissen-

---

[309]) Den Lebensskizzen Kunos und Werners liegen die Werke: Broweri et Massenii Antiquitates et Annales trevirenses Tom. II, pag. 235 bis 254, Joannis rerum. moguntiac. Tom. I et II stellenweise, vorzüglich aber Hontheim hist. trevir. diplom., nebst ungedruckten Urkunden und noch andere genealogische Werke zu Grunde.

schaftlichkeit und Gelehrsamkeit, ja sogar als Schriftsteller zeichnete er sich aus, indem er nach Browers Zeugnisse eine vollständige Chronik des Erzstiftes Trier in lateinischer Sprache (gesta trevirensia) hinterliess.

Auf dem Felde der Ehre war Kuno als rüstiger Kämpfer bekannt. Sein Bruder Philipp IV. von Falkenstein war nämlich 1343 in der Blüte seines Lebens gestorben und die durch denselben verordneten Vormünder über seine Kinder, der Herr von Hanau und ein Graf von Veldenz, wollten jedoch jenen Kuno und seinen Bruder Johannes nicht zur Mitvormundschaft gelangen lassen. Ersterer wandte sich deshalb an den Kaiser Ludwig den Bayer, welcher ihm als nächstgesipptem Blutsfreunde auch die Vormundschaft allein zuerkannte. Weil aber die bisherigen Vormünder ihre Einwilligung dazu nicht geben wollten, so setzte er sich mit Waffengewalt in seine Funktionen ein, nahm sogar den veldenzer Grafen gefangen und zwang ihn endlich seine bisherige Stelle als Vormund aufzugeben.

Bald darauf ward unser Kuno, weil der Erhaltung des falkensteiner Stammes wegen und um dessen Besitzungen durch spätere Theilungen nicht noch mehr zu zersplittern er zum geistlichen Stande bestimmt war, zum Domscholaster in Mainz und zugleich zum Propste des Bartholomäusstiftes in Frankfurt befördert. Der mainzer Erzhirte Heinrich von Virneburg, damals durch Papst Clemens VII. abgesetzt, sollte nach des Kirchenoberhauptes Willen seinen Kurstuhl dem Grafen Gerlach von Nassau einräumen. Jenem Prälaten Heinrich sowie dem deutschen Monarchen Ludwig dem Bayern war das sehr unangenehm und beide setzten unseren Kuno nebst einigen andern Herren im Jahre 1346 als Verweser des Kurfürstenthumes ein. Allein noch binnen Jahresfrist dankten die zwei genannten Fürsten den Kuno sammt seinen übrigen Genossen wieder ab und übertrugen die erzstiftische Verwaltung dem Konrad von Kirkel. Dieser wurde indessen von dem Grafen Gerlach von Nassau gefangen genommen, durch unseren Kuno aber als Stiftsverweser mit gewaffneter Hand wieder befreit. Zur Zeit wurde auch die Dompropstei in Mainz erledigt und bei einer zwiespaltigen oder getheilten Wahl dem genannten Kuno und einem Grafen von Spanheim übertragen, durch den heiligen

Vater jedoch einem dritteren namens Wilhelm Pintschon zu-
gewendet. Unser falkensteiner Held griff nothgedrungen abermals zu den Waffen und besiegte nicht nur die den spanheimer
Grafen schützenden Bürger zu Mainz, sondern er vertrieb auch
den päpstlichen Erzbischof Gerlach und seinen Gegner den
Dompropst. Infolge dieses heldenmüthigen Verhaltens verband
sich Kaiser Ludwig kurz vor seinem Lebensende den Propst
Kuno durch ein Gnadengeschenk noch genauer, indem er ihm
eine Reichssteuer verschrieb, bestehend in 2 grossen Turnosen,
die an den kurmainzer Zöllen zu Erenfels bei Bingen und zu
Lahnstein jährlich erhoben werden sollten.

Der Erzhirte Gerlach, durch den Papst geschützt, konnte
indessen alles Beistandes seiner Freunde und Helfer ungeachtet
den Kuno nicht überwältigen oder als Kurverweser verdrängen.
Er musste sogar nach seines Gegners des Erzbischofes Heinrich
Ableben (im Jahre 1354) das Erzstift mit 400,000 fl. und durch
das Zugeständniss vieler Vortheile für die Anhänger des Ver-
blichenen von unserem Kuno erkaufen und erwerben. Während
solcher Wirren und Kämpfe schloss auch der umsichtige Pfalzgraf und Kurfürst Ruprecht I. mit letzterem 1355 eine sogenannte „ersage" ab, vermöge welcher demselben aus seinen
Burgen und durch die Seinigen kein Schaden und Nachtheil
zugefügt werden sollte; ebenso sollten auch die Pfälzer nicht
gestatten, dass dessen Feinde an den Rheinführen übergesetzt
werden dürften [310]). Jener Gerlach bestätigte darauf nebst
Kaiser Karl IV. dem Kuno viele Gerechtsame und unter anderen
auch die vorhin angeführten beiden Turnose, welche seitdem beständig bei dem falkensteiner Hause verblieben, und zwang zugleich
den Wilhelm Pintschon unserem Kuno die Dompropstei abzutreten, welche er aber 1358 jenem wieder zurückgab. Mitten
unter solchen allerdings sehr kostspieligen Streitigkeiten entlieh
Kuno 1357 von seinem Bruder Johannes 1500 Goldgulden [311]),

---

[310]) Datum Schriesheim in die beate margarete anno dni. 1355.
Karlsruher pfälzer Kopialbuch, Nr. 6, fol. 8.

[311]) Der gegeben ist zu Butspach des nehisten fritagis nach
vnsser frouwen tage kertzewyhe nach Cristus geburte 1357stem
iare. Orig. im Provinz.-Archive zu Koblenz.

Auch noch bei anderen musste er grosse Summen aufnehmen
zur Durchführung seiner Pläne. Der Prälat Gerlach aber weigerte sich diese des Erzstiftes Besetzungen beschwerende Schulden anzuerkennen. Indessen ein erneuerter unglücklicher Kampf,
von dem Erzbischofe selbst angeregt, nöthigte ihn zuletzt im
Jahre 1358 auch noch diese Verpflichtungen zu übernehmen.
Damals waren Kaiser Karl IV. und unser Kuno, sonst ein
treuer Anhänger Ludwig des Bayern, noch keine guten Freunde.
Der Kaiser hatte dies unzweideutig an den Tag gelegt, dass er,
um ihn bei einer öffentlichen Feierlichkeit in Gegenwart einer
grossen und glänzenden Versammlung zu beschämen, seinen
prachtvollen Kopfputz ihm abnahm, sich diesen selber aufsetzte
und mit der Frage sich an die Umstehenden wandte: ob solcher
Putz für einen Geistlichen sich zieme? Noch bei derselben
Gelegenheit ertheilte er dem Erzhirten Gerlach die Weisung,
dem ihm untergebenen Klerus überhaupt keine weltliche Kleidung mehr zu gestatten und die Einkünfte, Pfründen u. s. w.
derjenigen unter ihnen, welche diese Anordnung überschreiten
oder ihr sich widersetzen würden, der kaiserlichen Kammer zu
überweisen. Bald aber legte sich dieser Groll, eigentlich nur
aus Kunos Ergebenheit für und aus seiner Anhänglichkeit an
den deutschen Monarchen Ludwig den Bayer entsprungen, bei
Karl IV. und zwar hauptsächlich aus dem triftigen Grunde,
weil jener später zwei geistliche Kurfürstenthümer zugleich verwaltete und als solcher des Kaisers Vorhaben, seinen Sohn
Wenzeslaus auf den Thron der Deutschen zu erheben, mächtig
unterstützen und befördern, entgegengesetzten Falles aber dasselbe auch leicht hintertreiben konnte.

Der alte Kurfürst Bohemund zu Trier, ein geborner Graf
von Saarbrücken, stellte dem Dompropste Kuno 1361 den An-
trag, sich seines Erzstiftes anzunehmen, weil durch den Pfalzgrafen Ruprecht I. und den Dynasten Philipp von Isenburg es
hart bedrängt und verheert würde. Diese Aufforderung wurde
mit Freuden angenommen und Kuno erhielt dagegen eine trierer
Domherrenstelle und bald hernach auch die dasige Koadjutors-
würde. Rasch und muthig regte sich nun wieder in ihm das
falkensteiner heisse Blut. Er griff den von Isenburg sogleich an,
eroberte dessen Burg Gretenstein und machte ihn darin zum

Gefangenen. Befreite sich dieser wol durch einen Vergleich
aus seiner Haft, so ergriff er sogleich wieder die Waffen, fiel
aber während eines heissen Treffens abermals in Kunos Hände.
Hierauf kam nach dessen bestimmt ausgesprochenem Willen und
genauer Vorschrift ein dauernder Friedensschluss zustande.
Das trierer Erzstift war also durch Kunos Muth und Geistes-
gegenwart gerettet und der sehr bejahrte podagrische Bohemund sah nun klar ein, er habe sich in seinen Hoffnungen und
Erwartungen nicht getäuscht und Kuno habe dem ihm voraus-
gegangenen vortheilhaften Rufe vollkommen entsprochen. 1362
legte er seine Würde nieder, übertrug sie unserem tapferen Prälaten und behielt sich später (am 12. Januar 1366) von demselben einen bestimmten Jahresgehalt aus. Doch schon nach
Monatsfrist am folgenden 10. Februar gab er seinen Geist auf.
    So war denn also Kuno von Falkenstein seitdem Erz-
bischof zu Trier und ein Kurfürst des heiligen römischen Reiches. Da er aber beim Beginne seiner Regierung fand, die
Stadt Trier strebe darnach oder sei wenigstens sehr geneigt
der Hoheit seines Erzstiftes sich zu entziehen, so suchte er die
Bürger durch Güte und Milde zu gewinnen. Allein demungeachtet erliess er bereits im Jahre 1363 eine für dieselben nach-
theilige Anordnung, die vorzüglich die Befugnisse und Gewalt
des erzbischöflichen Richters über die städtischen Bewohner
feststellte. Die Bürger fanden auch wirklich die getroffenen
Massregeln zu drückend, doch sie wähnten mit Hilfe und unter
Beistand des Herzogs Johannes von Lothringen sich kräftig
genug, um die Macht ihres neuen geistlichen Herren zu brechen.
Ihre Anstrengungen waren und blieben dennoch alle vergeblich.
Sie hielten wol sämmtliche die Mosel auf oder hinunter fahrende
Schiffe an und zwangen sie ihre Waare auszuladen und mehrere
Tage lang in der Stadt zum Verkaufe niederzulegen, auch
suchten sie den Geistlichen ihre Güter sowie deren Zoll- und
Steuerfreiheiten zu entreissen und sprachen überhaupt die Bewohner Triers von jeglicher Gerichtsbarkeit des Erzbischofes los:
aber Kuno hingegen schloss die Stadt ein und verklagte sie zugleich bei Karl IV., welcher auch ein scharfes Mandat gegen
dieselbe erliess, demzufolge die Bürger sich mit ihm vergleichen
und 1365 von ihren sämmtlichen Forderungen und Ansprüchen

abstehen mussten. Kuno, damals mit dem mainzer Erzhirten in einer schweren Fehde befangen, die er jedoch zu seinem Vortheile beendigte, benützte zugleich diese erwünschte Veranlassung und befestigte, um die Bürger besser im Zaume zu halten, die Stadt Trier, vornämlich aber die Vorstadt Pfalzel. Dies veranlasste neue Unruhen. Doch die Einwohner wurden nicht nur gedemüthiget, sondern sie mussten ihm sogar von nun an, nämlich seit 1367, ein Jahrgeld von 3000 Pfund Hellern bewilligen. Im Jahre 1365 erwarb er für sein Erzstift einen Theil der Herrschaft Beilstein, ein Jahr darauf aber diejenige von Molsberg ganz, auch noch die Hoheit über die Reichsabtei Sankt Maximin bei Trier. Das Domstift in Mainz wählte in der Hoffnung auf gleiche Vortheile ihn im Jahre 1371 zum Erzbischofe, er aber schlug die Wahl aus.

Wie gross sein Ansehen war und welches Vertrauen gesetzt ward in seine Einsicht und Macht, in seinen kräftigen Beistand, erhellt aus folgendem Vorgang. 1363 stand Graf Adolf von der Mark dem Erzstifte Köln vor. Da sein Land überschuldet, auch von Feinden bedroht war, nahm er seine Zuflucht zu unserem Kuno, welchen mit päpstlicher Genehmhaltung er zum Verweser seines Erzstiftes ernannte. Auch Adolfs Nachfolger Engelbert nahm jenen Kuno zum Koadjutor oder zum Gehilfen und betraute ihn 1367 zugleich mit dem Vorsitze und der Aufsicht über die westfälischen heimlichen Gerichte. Nach Engelberts Tode am 26. August 1368 wählte das Domkapitel den Kuno sogar zum Erzbischofe, allein dieser entsagte der Wahl und behielt nur des Stiftes Verwaltung bei unter dem Namen eines Generalvikars bis 1370. Sein Verwandter Graf Friederich von Saarwerden erhielt die kölner Mitra, musste aber nach Jahresfrist sich verpflichten bei der Wahl eines römischen Königes nur der Stimme Kunos beizutreten. Auch wurde er im Jahre 1377 lediglich durch dessen Gewalt, Ansehen und Vermittlung bei seinen Vorrechten, welche die Bürger Kölns ihm entzogen, . geschützt und erhalten. Inzwischen gelangte die Erzdiözese Köln durch Kunos Waffen und Geld in den eigenthümlichen Besitz der Stadt Andernach sowie einiger wiedischen und isenburgischen Orte. 1369 erhielt sie noch die Herrschaft Arnsberg; Kuno selbst hatte 1367 bei Engers unweit Koblenz die nach

ihm benannte Burg Kunenstein erbaut und ins Dasein gerufen. Als trierer Kurfürst errichtete Kuno mit dem Herzog Wenzeslaus zu Luxemburg 1371 einen Münzvertrag und liess bereits
in diesem Jahre Goldgulden schlagen mit dem falkensteiner
Wappen, ähnlich den Florenzern. Diese Goldmünzen zählen
mit zu den ältesten und seltensten in Deutschland geprägten.
Kaiser Karl IV. als König von Böhmen schloss 1374 einen
innigen Freundschafts- und Vertheidigungsbund mit Kuno und
bewilligte ihm seine Wünsche und was er sonst noch verlangte,
namentlich die Reichslehenshoheit über die Stadt Limburg und
über Hammerstein im Jahre 1374; ferner die Vereinigung der
gefürsteten Reichsabtei Prümm mit dem trierer Erzstifte 1376;
dann die Reichspfandschaften Boppard, Wesel, Sternberg, Schon-
scheid und Gallenscheid 1377; endlich theilweise die Reichs-
herrschaft Schöneck in der Eifel 1387. Diese sämmtlichen Stücke
hatte er nach und nach für seine Diözese erworben und wird
uns ersichtlich, wie gnädig und geneigt jener dentsche Monarch
sich unserem Erzbischofe erwiesen. Hingegen war Kuno für so
viele Huld auch nicht undankbar: er wirkte 1376 aufs kräftigste
mit bei der Wahl des kaiserlichen Prinzen zum römischen Könige
und machte sich auch bei den Mönchen der seinem Erzstifte
einverleibten Abtei Prümm dadurch noch besonders beliebt, dass
er einen vom Adel, der dieselbe verheert hatte, demüthigte, und
dass er zugleich die Klostergebäude wieder erbaute und erneuerte.
Den Abend seines thätigen Lebens trübten jedoch die wiederholten Zerwürfnisse mit den trierer Bürgern. Der Kaiser hatte
ihm erlaubt in der Vorstadt Pfalzel einen neuen Zoll anzulegen.
Als er diese Vergünstigung 1377 in Vollzug setzen wollte, entstand
ein heftiger Streit und ein gefährlicher Aufstand in Trier. Seine
Macht und Energie konnten sich aber nicht mehr in ihrer
früheren und bisherigen siegreichen Stärke entfalten. Er wagte
es nicht von seinen Waffen Gebrauch zu machen, sondern ver-
glich sich unter Vermittlung des Herzogs Johann zu Lothringen
und des Bischofes Diether in Metz mit den dasigen Einwohnern,
sicherte diesen die Befreiung von jenem Zolle zu und beschränkte
zugleich auch die weitreichenden Rechte und Befugnisse seines
geistlichen und weltlichen Richters daselbst. Diese Vorgänge

erregten aber bei ihm eine so grosse Abneigung und einen solchen Widerwillen gegen die Bürger, dass er seitdem nie mehr nach Trier kam. Bald darauf begannen die grossen Wirren, herbeigeführt durch die Päpste und Gegenpäpste wie durch die Reibereien unter dem zügellosen und zahlreichen hohen Adel und den vielen Rittergesellschaften. Der Hauptschauplatz war unser rheinisches Land. Während dieser Unruhen und Kämpfe behauptete aber Kuno seine vielbewährte Klugheit, Einsicht und Gewandtheit durch folgende Massregeln: er anerkannte wol Urban VI. als rechtmässiges Oberhaupt der Kirche, allein an dessen Unterstützung nahm er keinen thätigen oder näheren Antheil, auch schlug er sogar den ihm angebotenen Kardinalshut aus. Indessen zog er besonders seit 1379 die Pfalzgrafen am Rheine, auch die Grafen von Spanheim, Nassau, von der Mark, von Sayn, Wied und Isenburg theils durch Bündnisse, theils durch Verleihung von Lehengütern entweder in sein Interesse oder in seine Dienste. 1381 trat er dem durch den König Wenzeslaus errichteten allgemeinen Landfrieden bei. Seinen Verwandten Werner von Falkenstein, Domherrn zu Trier, ernannte er im Juni 1384 zum Propste des St. Florianstiftes in Koblenz [312]). 1385 bezahlte er seinem Vetter Philipp VIII. von Falkenstein 1308 Gulden für Schadenersatz und Hilfe in dem Kampfe bei Wittlich, als der Herzog von Bare und noch andere »Herren von Welschen landen« die Grafen von Zweibrücken und von Veldenz feindlich überfallen hatten [313]). Jenen Werner schlug er dem trierer Domkapitel als seinen Nachfolger vor, legte nach dessen Bestätigung im Jahre 1388 sein erzbischöfliches Hirtenamt nieder und verfügte sich darauf mit seinen gesammelten Schützen in das Schloss Welmich. In einer sehr angenehmen Gegend am Rheine hatte er dieses Schloss neu erbaut oder vielmehr nach des Kurfürsten Bohemunds Plane vollendet, um hier von des

---

[312]) Datum Erembretstein Ao. dnj. 1384 die sexta decima menss. Junij. Orig. im Archive zu Koblenz.

[313]) Der gegeben ist da man zalte etc. 1385 jare uff den 11den dag des maendes genant Augustus zu Latine. Original eben daher.

Lebens Drangsal und Mühen auszuruhen. Doch er genoss dieses Glückes nicht lange, denn schon am 21. Mai 1388 hauchte er seine Seele aus. Sein Leichnam fand eine Ruhestätte zu Koblenz in der Kirche zum heiligen Castor [314]).

k. Werner von Falkenstein, Erzbischof und Kurfürst zu Trier.

Werner, ein Sohn Philipps VIII., des boland-falkensteiner Hauses letztes männliches Glied, ward für den geistlichen Stand ausersehen. Er erhielt durch seinen mütterlichen Grossoheim den Kurfürsten Kuno vorerst ein Archidiakonat in Trier, dann die Propsteien St. Paulin daselbst und St. Florian zu Koblenz, ja endlich sogar das Erzstift selbt. Dieses bekam er im Jahre 1388 auf Kunos vielvermögendes Verwenden von dem Papste Urban VI. und zwar ohne Wissen, Zuziehen und Mitwirkung des Domkapitels, welchem doch die Wahl seines Erzhirten rechtlich zustand. Darum weigerte sich auch das Kapitel den Werner als solchen anzuerkennen. Allein der gewandte, mächtige Grossoheim beruhigte und beschwichtigte sogleich die Missvergnügten und der Vetter ward in seine Würde eingewiesen. Der alte Kuno setzte sich nun zur Ruhe, starb aber schon nach Verlauf einiger Wochen. Durch dessen Tod erlangte Werner bedeutende Schätze an Geld und Kostbarkeiten, mit Frucht und Wein angefüllte Vorratshäuser und Keller und dazu ein ansehnliches Erzstift und zwar ohne Schulden. Zu seiner Vertheidigung hatte es reiche und angesehene Lehensmänner und die Feinde waren sämmtlich niedergehalten und entkräftet. Doch aber an Einsicht, Willenskraft und Energie stand Werner seinem thatkräftigen Vorgänger bedeutend nach.

Unmittelbar nach Kunos Ableben versuchten einige Herren verschiedene Ansprüche geltend zu machen, welche bei jenes

[314]) Mit folgender Grabschrift: Praesulis eximii jacet hic corpus venerandum Cunonis, geniti per Falkenstein decorandum. Grande genus. Superis hunc pie junge Deus. Obiit anno Domini MCCCLXXXVIII die XX Maii. Seine Eingeweide setzte man in der Burgkapelle zu Welmich unter folgender Inschrift bei: Hic sepulta sunt intestina Reverendi in Xpo. patris ac Dni. D. Cunonis de Valkenstein Archiepiscopi trevirensis. Anno MCCCLXXXVIII.

glücklichen und raschen Kriegers Lebzeiten zu äussern sie niemals gewagt hätten. Philipp VII. von Falkenstein, der nachherige Graf, und der Prälat Friederich zu Köln behaupteten nämlich: Kuno hätte ihre Gebiete, bei jenem als Vormund, bei diesem während des Erzbisthumes Verwaltung, ausgesogen. Beide erhoben daher Ansprüche auf seine hinterlassenen grossen Schätze und Reichthümer. Hingegen der Graf Ruprecht von Nassau-Hadamar fiel seinerseits in die Herrschaft Molsberg ein, um sie wieder in seine Gewalt zu bringen. Werner aber war kein Freund von Krieg und Streit, er unterhandelte daher mit seinem Vetter Philipp und mit dem kölner Erzbischofe Friederich und suchte besonders diesen zu überzeugen, Kuno habe die Schulden des Erzstiftes Köln zumtheil aus seinem Privatvermögen getilgt. Er schloss mit demselben ein enges Bündniss, kraft dessen er ihm 1391 in seinem Kriege mit dem Grafen Engelbert von der Mark Beistand leistete. Um jedoch vor dem nassauer Grafen Ruprecht gesichert zu sein, übernahm er am 8. November 1388 die Heerhaufen des Grafen Adolf von Nassau-Dietz, der gegen Erlegung einer beträchtlichen Summo mit seinen sämmtlichen Schlössern, Lehensmannen und Kriegsleuten sowol zum Vertheidigungs- als zum Angriffsdienste sich ihm verschrieb und verpflichtete. Im folgenden Jahre lieh Werner dem Grafen Otto von Solms und dessen Ehefrau Agnes von Falkenstein, seiner Schwester, 2000 mainzer Goldgulden, wogegen ihm dieselben nicht nur eidlich gelobten niemals gegen seine Diözese etwas zu unternehmen, sondern ihm sogar alle ihre Schlösser und Burgen zu öffnen oder zur Verfügung zu stellen [315]).

Unter des Königs Wenzeslaus nachlässiger Regierung wurde der Zustand des deutschen Reiches und vornämlich der Rheinlande immer gefährlicher, bedenklicher und unsicherer. Jeder hielt sich für berechtigt nach eigenem Gutdünken zu schalten und zu handeln. Unser geistlicher Herr musste diese trübe Zeit der Noth, Willkür und 'Zügellosigkeit gleichfalls aufs nachthei-

---

[315]) Der gegeben ist do man zalte nach Christi geburte 1389 Jare uff sente Nyclaes dag des heiligen Byschoffs. Original im koblenzer Archive.

ligste mitempfinden uud durchkämpfen. Zu alledem führte damals der benachbarte König von Frankreich blutige Kriege mit
dem von England. Er saudte seine Heere nach Geldern, Jülich
und Lutzemburg, welche ebenfalls in das trierer Gebiet einzu-
dringen drohet«n. Die Stadt Trier selbst focht gegen die Bürger
vou Metz sowie gegen viele beuachbarte Verbüudete aus dem
hohen und niederen Adel. Der deutsche König hatte jedoch
weder den Willen noch die Kraft solchen verderblichen und
allgemeinen Unorduungen zu steuern, und unser Kurfürst Werner machte lieber Gebrauch von seiuen Schützen als von
den Watfen, bis ihn endlich die Noth zwang auch zu diesen
zu greifen. Im Jahre 1389 musste er seine aufrührerische
Stadt Oberwesel mittelst einer Belagerung zum Gehorsam bringeu.
Dieser Kriegszug brachte ihm grossen Ruhm, weil er dabei zum
erstenmale mächtige Böller oder sogcnannte Donnerbüchseu an-
wendete, welche in der rheinischeu Gegend zuvor noch nicht
gesehen oder gehört worden. Sein Muth war nun einmal er-
wacht uud angefeuert und den Kampf gegen seine Widersacher
setzte er rüstig und glücklich fort. Im Jahre 1393 verheerten
nämlich Graf Johann zu Solms uud 1394 Johann und Eberhart,
Grafen von der Mark aus dem Hause Ahremberg, das trierer
Land und legten bei solchen Zügen sogar Koblenz zur Hälfte,
aber die Stadt Wittlich an der Mosel gauz in Asche. Gegen
den Solmser focht Werner anfänglich nicht mit dem besten Erfolge, doch 1396 nahm er ihn endlich gefangen und hielt ihn
in seiner Veste Montabaur iu strenger, langwieriger Haft bis
1407. Erst mürbe gemacht durch den dunkeln feuchten Kerker
kouute er sich endlich entschliessen, dem trierer Stifte das eroberte Gebiet wieder abzutreten und dessen Lehensträger zu
werden. Die beiden Grafen von der Mark wichen unserem
Erzbischofe zwar aus, allein sie mussten doch endlich 1404 aus
ihrem Besitzthume sich flüchten. Den Wildgrafen vou Dhaun
belagerte er aber gleichzeitig in seinet Burg Troneck. Den
Erben des Johannes von Ryssdorf, die aus ihrer Veste öfters
in sein Gebiet gestreift, setzte Werner jedoch im Jahre 1394
die bewaffnete Macht des Herzogs Karl von Lothringen entgegen. Mit diesem sowie auch 1396 mit dem kölner Prälaten
Friederich hatte er zum Angriffe und zur Vertheidigung sich

aufs innigste verbrüdert. Gleicher Weise schloss er 1398 mit
dem obenerwähnten Grafen Otto von Solms ebenfalls ein Bündniss, nachdem er eben deshalb demselben wiederholt ein Kapital
von 3000 Goldgulden unverzinslich vorgeschossen hatte [316]).
Durch solche Thaten wie auch durch die seither angenom-
menen ruhigen und billigen Grundsätze wurde die Stadt Trier,
die mit seinem Amtsvorfahrer Kuno beständig in den heftigsten
und unangenehmsten Irrungen und Streitigkeiten gelegen, veran-
lasst ihn am 13. August 1396 zu ihrem besondern Schutzherrn
anzunehmen. Werner war nun auch sichtlich bemüht jede
Veranlassung zu ferneren Missbelligkeiten und Zerwürfnissen
nicht nur hinwegzuräumen und sorgfältig zu vermeiden, sondern
er liess sogar eine billige und zeitgemässe Ordnung für sein welt-
liches Gericht oder für den sogenannten Schöppenstuhl in Trier
ausarbeiten. Zur grösten Freude der Bürgerschaft wurde dieselbe am 25. August 1400 veröffentlicht. Für seine Erzdiözese
erwarb er zum Eigenthume 1389 die übrigen Theile der Herrschaft Schöneck in der Eifel, welche die von Sleiden von ihm
zu Lehen getragen hatten, auch noch vollständig die Stadt und
Herrschaft Limburg an der Lahn. In demselben Jahre erbaute er
ein neues festes Schloss bei Oberwesel, die Niederburg geheissen.
Zudem erhielt er von dem deutschen Könige eine Bestätigung
des durch Kaiser Friederich I., den Rothbart, der trierer Kirche
ertheilten Rechtes Erze zu erschürfen und Bergwerke anlegen
zu dürfen. Auch übertrug nach des letzten gefürsteten prüm-
mischen Abtes Dietrich am 29. Januar 1398 eingetretenem Tode
König Wenzel vermöge der durch den früheren Erzbischof Kuno
bei dem heiligen Vater ausgewirkten Vereinigung dieser geistlichen Anstalt mit dem Erzstifte Trier ihm die Regalien derselben. Allein ungeachtet dieser erfolgreichen Handlungen und
Vortheile Werners waren viele seiner Unterthanen und selbst
des Domkapitels grösster Theil mit ihm äusserst unzufrieden.
Sie beschuldigten ihn der Trägheit, ja sogar des Blödsinnes und
der Tollheit. Als er selbst aber die Abnahme seiner Schätze

---

[316]) Datum anno dni. 1398 dnica. galli confessoris. Original
im k. Provinzialarchive zu Koblenz.

merkte, so hoffte oder suchte er mit Hilfe der Alchymie sich wieder neue zu verschaffen, zog insgeheim viele Adepten an sich, die mehrere Jahre hindurch in den Schlössern Engers und Capellen an der Auffindung des sogenannten Steines der Weisen laboriren mussten. Allein die Folgen solcher Verirrungen oder vielmehr dieser gelehrten Betrügereien und Schwindeleien stellten sich bald ein: Werner büsste nämlich bei dieser Goldmacherei über 30,000 Goldgulden ein und hatte nichts dafür als eine Menge geschriebener Anweisungen zur Goldmacherkunst. Dieses Treiben hatte sogar einen seiner Kammermeister soweit gebracht, dass dieser nicht nur sein eigenes nicht unbedeutendes Vermögen, sondern auch noch einen grossen Theil der kurfürstlichen Gefälle im Schmelztiegel den Flammen geopfert.

Die Unzufriedenheit in der Diözese Trier nahm indessen immer mehr zu. Unser Werner fand sich deshalb zu dem Entschlusse bewogen, vorzugsweise den Klerus durch eine grossartige Handlung geneigt sich zu machen und zu verpflichten. Er verzichtete auf das ihm als Oberhirten zustehende Recht, das sämmtliche nach dem Tode der Geistlichen hinterlassene Vermögen derselben zur erzbischöflichen Tafel einzuziehen und ihre letztwilligen Verfügungen für ungiltig zu erklären. Diesen Erlass genehmigte auch Papst Bonifazius IX., sprach ihm aber dafür am 27. Mai 1397 als Entschädigung zu die Einkünfte des ersten Jahres aller neubesetzten geistlichen Aemter, er selbst indessen bedung sich am 6. Februar 1398 von jeder Erbschaft eine Mark als Legat aus, jedoch mit dem Vorbehalte und dem Versprechen von feierlichen Seelenmessen, welche an bestimmten Tagen dafür von der gesammten Geistlichkeit abgehalten werden sollten. Nicht lange darauf überfiel ihn eine schwere, mit Wahnsinn verbundene Krankheit, die der Arzt für unheilbar erklärte. Den missvergnügten Gliedern des Domkapitels war das eine erwünschte Gelegenheit auf seine Entsetzung zu dringen und das Oberhaupt der Kirche zu bitten, nicht nur den Bischof Friederich von Utrecht als Koadjutor zu ernennen, um das Land gegen dessen Feinde vertheidigen zu können und um zugleich auch die Vereinigung der Abtei Prümm mit dem trierer Erzstifte zu widerrufen und aufzulösen. Allein sie erreichten ihre Absichten nicht. Werner bekam den Gebrauch seiner Vernunft wieder

7

und war später mächtig genug dem gewünschten Koadjutor nachdrücklichst zu widerstehen. Die Noth im Reiche war aufs höchste gestiegen und Wenzels Untüchtigkeit zur Regierung ward immer deutlicher erkannt und tiefer gefühlt. Die übrigen Kurfürsten, welche an unserem Prälaten keinen Mangel an Verstandeskräften entdecken konnten, zogen ihn im Jahre 1400 zu den wichtigen Berathungen über Wenzels Absetzung und zu der Wahl des Pfalzgrafen und Kurfürsten Ruprecht III. zum deutschen Könige. Der Entthronte nahm zwar von der angeblichen Geisteszerrüttung Werners noch im Jahre 1402 einen Grund her, um die Ungiltigkeit seiner Entsetzung zu erweisen, allein dieser geistliche Herr überzeugte später die Welt durch einige für sein Land sehr gute und heilsame Verordnungen von der Nichtigkeit solcher Anschuldigung. Er verlegte nämlich 1402 den Zoll von Capellen nach Engers; er erbauete ferner, um die Schiffer im Zaume halten zu können, nahe bei dem letztgenannten Orte die Burg Wernerseck und setzte auch mit den rheinischen Kurfürsten bestimmte Vorschriften und Massregeln fest zur Sicherheit des Handels und der Strassen sowie zur Abstellung mancher dem Zollwesen nachtheiligen Missbräuche. Zugleich veranlasste er im nämlichen Jahre eine Versammlung oder einen Landtag aller begüterten Geistlichen seiner Diözese und beredete sie, zum besten des Landes ihm eine Steuer von ihren liegenden Gründen zu bewilligen. Diese Steuer sollte zwar nur drei Jahre lang erhoben werden, allein nach Ablauf dieser Frist vereinigte man sich zu ihrer weiteren Entrichtung. Daher rührt der Ursprung der ständigen Landtage und Steuern, die seitdem alle drei Jahre in dem Erzstifte Trier ausgeschrieben und bewilligt wurden. Die bürgerlichen Kriege und Zerrüttungen zwischen den Anhängern des Koadjutors und den Freunden und treuen Anhängern Werners gaben indessen Veranlass zu einer näheren Vereinigung, welche das Erzbisthum mit der Abtei zu St. Maximin sowie auch mit noch fünf andern Kapiteln und Klöstern in Trier zu gemeinsamer Vertheidigung ihrer Gerechtsamen, Freiheiten und Besitzungen am 22. December 1402 errichtete. Die Partei des utrechter Bischofes ersuchte zwar den König Ruprecht, die Gründe der Nothwendigkeit eines Verwesers näher

untersuchen zu wollen, allein derselbe sandte 1405 nur mehrere
Abgeordnete an das trierer Domkapitel, sowie auch an Phi-
lipp VIII. von Falkenstein mit der Weisung an diesen, seinen
Bruder doch ja zur Abdankung zu bewegen. Philipp jedoch
nahm solchen Auftrag nicht an und Werner verblieb in seiner
Würde und kräftigte sich im Gegentheile noch mehr durch ein
mit dem lothringer Herzoge im Jahre 1406 geschlossenes
Bündniss.

Nach seines Bruders Philipp VIII. im Jahre 1407 erfolgtem kinderlosen Tode übertrug ihm sein Oheim, der alte
Graf Philipp VII. von Falkenstein, den Schirm nebst der Regierung seiner Grafschaft und die Verwaltung der übrigen bedeutenden Besitzungen mit einer solchen ausgedehnten Gewalt,
dass derselbe als Vormund des Grafen sogar am 11. Mai 1407
seiner verwittweten Schwägerin ihre Ansprüche auf Falkenstein
abhandeln konnte. Hierauf belohnte ihn der König Ruprecht
sowol als deutscher Monarch wie auch als pfälzer Kurfürst am
1. Juni 1408 mit den Reichs- und kurpfälzischen Lehen der
Herrschaft Falkenstein oder desjenigen Landesantheils, welchen
sein Bruder Philipp VIII. bis zu seinem Hinscheiden besessen
hatte. Nach Jahresfrist fiel ihm durch das kinderlose Ableben
seines mütterlichen Oheims des Grafen Philipp VII. von Falkenstein auch noch dessen falkenstein - münzenberger Gebiet, wie
schon oben erwähnt, eigenthümlich zu. Die Herren von Hanau
Reinhart und Johann erhoben zwar deshalb noch einige Ansprüche, setzten sie aber nicht fort. Also verblieb Werner im
ungestörten Besitz und Genuss der Grafschaft Falkenstein-Münzenberg. Das auf derselben ruhende Reichserbkämmereramt aber
verlieh der Markgraf von Brandenburg, weil unser Erzbischof
sich nicht vermählen und auch nicht als Kurfürst zugleich der
Unterkämmerer eines anderen Fürsten sein durfte, im Jahre 1413
dem Dynasten Konrad von Weinsberg [317]).

König Ruprecht starb im Mai 1410. Werner erwühlte daher nebst dem pfälzer Kurfürsten Ludwig IV. am 20. September 1410 an dessen Stelle den ungarischen König Sigismund

---

[317]) Gudeni cod. dipl. IV, 92.

zum Reichsoberhaupte, während die übrigen Wahlfürsten demselben am folgenden 1. October den Markgrafen Jobst von
Mähren als König entgegensetzten. Da dieser bereits im ersten
Jahre seiner Regierung verschied, wurde Sigismund von sämmtlichen Reichsständen einhellig als König erkannt. Er ertheilte
1414 unserm Werner nicht nur die falkensteiner Reichslehen,
sondern auch die zwei Turnose an den mainzer Zöllen zu Erenfels und Lahnstein. Seit dem erblichen Anfalle und der Vereinigung der Gesammtgrafschaft Falkenstein - Münzenberg bediente er sich jedoch nur in solchen Urkunden, die vor ein
geistliches Gericht kommen konnten oder sollten, des Titels
»Graf von Falkenstein«, in den übrigen aber der Benennung
»Herr der Graf- und Herrschaft Falkenstein - Münzenberg.«
Hieraus erhellt, dass man schon damals den Besitz einer Grafschaft von des Grafen Person genau zu unterscheiden verstand.
    Von sonstigen Thaten Werners des Kurfürsten ist uns
noch folgendes wenige bekannt. 1409 beendigte er mehrere
veraltete Zerwürfnisse mit dem Erzhirten Friederich zu Köln
durch einen gütlichen Vergleich, namentlich über die Gränzen
der trierer Diözese, sowie wegen der Burg Wernerseck, des
Wildfangrechtes zu Rense und überhaupt wegen allerlei sonstiger
Forderungen. 1414 beschickte er das Konzilium zu Kostnitz.
Drei Jahre später verbündete er sich aber mit dem Kaiser Sigismund sammt dem Könige von England und seinen Mitkurfürsten
gegen den französischen Monarchen. Ein Jahr darauf endlich
eilte Werner dem Erzbischofe Dietrich von Köln gegen seine
aufrührerischen kölner Bürger zu Hilfe. Unterwegs erkrankte
er plötzlich, verschied in dem Schlosse Bureuberg bei St. Goar
am 4. October 1418 und wurde gleichfalls in der Kirche des
heiligen Castor zu Koblenz beigesetzt [318]). Also endete der

---

[318]) Unter folgender Grabschrift: Hic requiescit reverendus
Dominus D. Wernerus de Königstein, Archiepiscopus Trevirensis,
qui obiit Anno Domini MCCCCXVIII. Quarta mensis Octobris.
Werner führt hier den Namen v. Königstein, weil die Linie, aus
welcher er stammte, ihren Sitz grösstentheils in jener Burg am
Taunus hatte.

letzte männliche Sprössling des boland-falkensteiner Stammes.
Mit ihm ist sein Geschlecht erloschen. Wie und durch wen dasselbe aber wieder aufblühete und fortgepflanzt wurde, werden
wir weiter vernehmen.

Zweiter Abschnitt.

Die Falkensteiner aus dem gräflichen Hause von Virneburg.

Genealogische Tafel Nro. II.

a. Theilung der Falkensteiner Besitzungen.

Der trierer Kurfürst und Erzbischof Werner hatte eine
kinderlose Schwester namens Anna, die Wittwe des Grafen Günther von Schwarzburg aus zweiter Ehe. Sie ist uns bereits oben
bekannt bei der Stiftung eines Spitales zum Hayn in der Dreyeich 1401 und 1410. Auch hatte derselbe, als Philipp VII. von
Falkenstein starb, eine gleichfalls noch lebende Schwester Agnes,
die Gemahlin des Grafen Otto von Solms. Von einer dritten,
an Eberhart von Eppenstein verheirateten und 1389 verlebten
Schwester namens Lukard waren zwei Neffen vorhanden: Eberhart und Gottfried von Eppenstein. Jene solmser Gräfin Agnes,
welche 1409 ihr Leben beschlossen, hinterliess aber zwei Söhne
Bernhart und Johannes nebst drei weltlichen Töchtern, nämlich
Anna, vermählt an den Grafen Gerhart von Sayn; Elisabetha,
die den Dynasten und nachherigen Grafen Diether von Isenburg-
Büdingen zum Eheherrn hatte; endlich Agnes, die Gattin des
Grafen Ruprecht von Virneburg. Das also sind die Personen,
welchen im Jahre 1409 sich die Aussicht und Hoffnung eröffnete,
nach jenes obgenannten Werners tödlichem Hingang an der
falkensteiner Erbschaft Theil zu nehmen [319]).

---

[319]) Siehe diese sämmtlichen Miterben in der genealogischen
Tabelle Nr. I, zuletzt unten.

Nichts indessen erbittert befreundete Gemüther eher und leichter als das Verlangen nach zeitlichem Gut und besonders nach Erbschaft. So war auch noch zu Werners Lebzeiten bereits unter den Erbinteressenten Streit darüber entstanden. Die beiden eppensteiner Brüder behaupteten nämlich: die Theilung des falkeustein-münzenberger Erbes sei nach Stämmen zu machen, wonach ihnen also unter der Voraussetzung, dass die Gräfin Anna von Schwarzburg nicht miterbe, die Hälfte des ganzen Nachlasses gebühre. Allein schon 1410 verbanden sich die Grafen Gerhart von Sayn und Ruprecht von Virneburg mit ihrem Schwager Diether von Isenburg-Büdingen dahin, sie wollten für ihre Gemahlinen auf der Theilung nach Köpfen bestehen und auch ihre Schwäger, die Grafen Bernhart und Johannes von Solms einladen, in dieser Hinsicht mit ihnen gemeinsame Sache zu machen [320]. Endlich wurden doch sämmtliche Erben einig. Also schlossen 1417 die eben erwähnten fünf präsumtiven Miterben und die Brüder Gottfried und Eberhart von Eppenstein mit einander einen gütlichen und friedlichen Vergleich des Inhaltes: dass nach dem Hinscheiden des Kurfürsten den beiden Eppensteinern von der Grafschaft Falkenstein und der Herrschaft Münzenberg sammt allen ihren Zubehörungen ein Drittheil, den übrigen fünf Miterben aber zusammen die zwei übrigen Drittheile zufallen sollten unter der ausdrücklichen Bedingung, diese Vereinbarung müsse auch in dem Falle gelten und Bestand haben, wenn etwa jener Erzbischof einen hievon abweichenden Theilungsfuss anordnen würde [321]. Von der verwittweten Gräfin Anna von Schwarzburg, welcher doch ebensowol als den Söhnen und Töchtern ihrer beiden verstorbenen Schwestern ein Miterbrecht zustand, ist jedoch in dieser Uebereinkunft gar keine Rede, vermuthlich war sie dafür durch eine Leibrente auf Lich und Assenheim, in deren Bezug man sie nachher antrifft, abgefunden worden [322].

---

[320] Datum Ao. Dni. 1410, in quadragesima Dominica die qua cantatur Oculi. Gudeni cod. dipl. mog. V, 868, Nr. 104.

[321] Siehe Buri Vorrecht des Forst- und Wildbannes zu der Dreyeich, unter den Urkunden Nr. 41.

[322] Deduction des Stollbergischen Erbrechtes, die Grafschaft Königstein betr., Beilagen Nr. 10 und 16 aus den J. 1419 und 1420.

Als nun der Prälat Werner am 4. October 1418 das Zeitliche gesegnet, traten die genannten sieben Erben am dreizehnten desselben Monats zusammen und erneuerten, wie dies auch früher bei dem münzenberger Erbfalle geschehen, den Burgmännern und Bürgern zu Münzenberg ihre Rechte und Freiheiten [323]). 1419 versammelten sie sich abermals in Butzbach und errichteten über die eröffnete Erbschaft folgenden Vertrag [324]): gemeinschaftlich sollte bleiben das Fahr am Haupte zu Weissenau oberhalb Mainz und das Fahr auf dem Main bei Offenbach. Dann zerlegten sie sämmtliche Lande und Besitzungen in drei Theile, von welchen die eppensteiner Brüder den einen, die übrigen fünf Miterben hingegen die zwei anderen, wie schon bemerkt, durch das Los als Erbtheil erhielten.

1. Der butzbacher dritte Theil solle enthalten: Butzbach die Stadt nebst der Burg, Grüningen, Ziegenberg und Kransberg sammt allem was dazu gehörte mit Ausnahme der Rechte, die den Brüdern Bernhart und Johannes von Solms darauf zustünden; ferner Münzenberg zur Hälfte, sowie dies früher der Herrschaft zugestanden hätte, mit allen Renten, Berechtigungen und Gilten, aber ebenfalls nur halb; dann Rodheim, Lieche bei Peterweil und Königstein mit ihren sämmtlichen Zubehörden, sowie die Auslösung der an Kurmainz verpfändeten Stadt Hofheim und endlich noch das Schloss Vilbel mit seinem Begriffe, gleichfalls halb; auf diesen Theil sollten zugleich 15,038 Gulden Schulden übernommen werden.

2. Das licher Drittheil fasste in sich: Lich Stadt und Burg und die Lösung am Warnsberge; Laubach, Hungen, Wolfersheim mit allen ihren Zuständigkeiten; die Lösung an Weckesheim, an Benstadt und am Rodichen, sowie die Pfandschaft an Stormfels; Assenheim mit allem Zugehör, ausgenommen Rodheim und Liechen, welche in den butzbacher Theil kommen sollten; Münzenberg zur Hälfte, sowie es der Herrschaft vorhin

---

[323]) Datum 1418 Mittwochen nach St. Dionysij. Ludolfi Symphoremma decis. forens. III, parte II, fol. 276. ·

[324]) Vff Mittwochen vor St. Urwins (Urbans) tag in diesem Jahre Ao. Dni. 1419. Daselbst fol. 267.

zugehört hätte, mit allen Rechten, Renten und Gilten, gleichfalls zum halben Theile; Bischofsheim am Main bei Frankfurt,
Weingilten und Geldzinsen zu Bergen; Obererlenbach sammt
Zubehör; Vilbel das Schloss mit seinem Begriffe halb, und zuletzt noch die Einlösung Peterweils. Auf diesem Theile ruheten
14,845 Gulden Schulden und

3. der dritte Theil endlich, zum Hayn in der Dreyeich,
bestand in folgendem: Hayn die Stadt und Burg nebst
allem dem was damit verbunden war, mit alleiniger Ausnahme
von Bischofsheim, das in den licher Theil gefallen; Falkenstein,
Pfeddersheim und Calsmunt sammt allen ihren Zuständigkeiten;
ein Sechstel an Münzenberg, Burg, Kemnaten und Stadt, und
wem dies aber zufalle, der solle davon ein Vogt zu Münzenberg
heissen, jedoch ohne Theil zu haben an den dasigen Gefällen
und Einküuften, wiewol er die dortigen Pförtner, Thürmer
und Wächter zum sechsten Theile lohnen helfen müsse, welcher
Theil indessen ausser den bereits auf Falkenstein und Pfeddersheim
haftenden Schulden noch weitere 7050 Gulden zu übernehmen
und abzutragen hätte. Zuletzt traf man noch folgende Bestimmung: die Vogteigerechtsame über die Abtei Arnsburg, sowie
alle zu Münzenberg gehörigen Burgmannschaften und sonstigen
Mannschaften sollten dem butzbacher und licher Theile jedem
zur Hälfte gehören und zustehen.

Den eppensteiner Brüdern fiel durch das Los zu der erste
oder der butzbacher Antheil; auf die übrigen zwei Drittheile
des Erbes stellten sie dann sogleich einen Verzicht aus [325]),
was auch die übrigen fünf Miterben bezüglich des butzbacher
Theiles thaten [326]). Zudem hatten letztere am vorhergehenden
Tage sich noch besonders dahin geeinigt, ihre zwei Drittheile,
den licher und hayner, vorläufig noch in Gemeinschaft zu besitzen und dieselben erst nach eines Jahres Verlauf theilen zu

---

[325]) Der gegeben ist nach Cristi Geburt 1419 Jaren vff den
Fritag nest vor Sente Bonifacien tage. Gudeni cod. dipl. V, 887,
Nr. 117.

[326]) Der gegeben ist nach Cristi Geburt 1419 vff den Sonntag
nehest vor Sanct Bonifacien tage. Ludolfi Symphorema decis. for.
Tomo III, P. II, fol. 273.

wollen [327]). Dieser Bestimmung gemäss vereinbarten sich friedlich diese fünf Miterben 1420 über die ihnen gemeinsam zugefallenen Ländertheile folgendermassen [328]):

1. Die gräfliche Wittwe Anna von Sayn und Diether von
Isenburg-Büdingen erhielten zusammen: Assenheim, den Hayn
zum Dreyeich sowol Burg als Stadt, Obererlenbach, das Schloss
Vilbel halb mit allen dazu zählenden Dörfern, Gerichten und
sonstigem Zugehör; dazu Weissenau und Hechtsheim bei Mainz,
die Lösung an Peterweil, Strassheim, Niederrossbach, Benstadt,
an Rodichen und ein Fünftheil an Veste und Stadt Münzenberg,
wovon sie beide den Namen eines Vogtes daselbst sowie über
den Wildbann in der Dreyeich führen, an den Münzenberger
Einkünften aber keinen Antheil haben sollten.

2. Die Grafen Bernhart und Johannes von Solms bekamen
gleichfalls gemeinschaftlich: Lich die Stadt und die Veste, Münzenberg Burg und Stadt und zwar zu denjenigen Theilen, welche
den fünf Miterben in Gemeinschaft daran zustünden, mit sämmtlichen Dörfern, Gerichten und allem übrigen, wie dieselben früher
in das Amt Lich gehört und sie Erzbischof Werner hergebracht
und bisher besessen hätte; ferner Laubach Stadt und Veste mit
ihren sämmtlichen Zugehörungen; dann die Einlösung an Weckesheim und am Warnsberge nebst allem was damit verbunden
wäre; endlich noch die den fünf Erben zugefallenen Rechte
über das Kloster Arnsburg. Dieser Erbtheilung entstammen
also die Besitzungen der jetzigen Fürsten und Grafen von Solms-
Lich und Laubach.

3. Dem Grafen Ruprecht von Virneburg fiel endlich zu:
das Schloss Falkenstein am Donnersberge sammt allen dazu
zählenden Landen und Leuten, die Orte Weissenau und Hechtsheim bei Mainz allein ausgenommen.

4. Burg und Stadt Pfeddersheim sollte, was die Herrlichkeit, Gebot und Frevel daselbst betreffe, zur Hälfte dem Grafen

---

[327]) Datum Ao. Dni. 1419 Sabbatho die ante Bonifacij Episcopi. Gudeni cod. dipl. mog. V, 885, Nr. 116.
[328]) Datum et actum Liche Ao. Dni. 1420 tertia feria proxima
post diem bti. Vrbani. Mscpt.

von Virneburg, der andere halbe Theil jedoch denen von Sayn
und Isenburg zustehen; allein von den Renten, Gefällen und
Zubchörden jener Stadt müste Virneburg ein Fünftel, Sayn und
Isenburg zusammen zwei Fünftel und die beiden von Solms das
übrige erhalten.

5. Am Schlosse Calsmunt bei Wezlar mit seinem Zugehör
sollte jedem Stamme ein Fünftheil zustehen und endlich

6. wurde noch ausbedungen und festgesetzt: wenn einer
der Miterben etwas von seinem ihm zugefallenen Theile veräussern oder verpfänden wolle, so sei er schuldig solches vorerst seinen Miterben anzubieten, und nur erst dann, wann diese
es nicht für die von einem andern gebotene Summe annehmen
wollten, dürfe es an Fremde verkauft oder versetzt werden, jedoch
in solchem Falle und zu ewigen Zeiten niemals an einen Fürsten.

Als Folge dieser Theilung und gütlichen Auseinandersetz-
ung gestanden nun der Graf Ruprecht von Virneburg und die
zwei Grafen von Solms der Wittwe von Sayn und dem Diether
von Isenburg am nämlichen Tage [329]) das Recht zu, das was
von den ihnen gewordenen Landestheilen verpfändet sei, wieder
an sich lösen zu dürfen. Nicht lange hernach sprachen der
von Virneburg und die beiden solmser Grafen die Vasallen [330])
und Beamten in den jener Wittwe Anna und dem von Isenburg
jetzt erblich zugehörigen Schlössern und Orten von ihren Eiden
und Pflichten los und wiesen dieselben an, ihrer neuen Herrschaft hold und getren zu sein. Ein gleiches thaten auch noch
im nämlichen Jahre die zwei Brüder von Eppenstein der Gräfin
von Sayn und dem Diether von Isenburg gegenüber hinsichtlich
des denselben gewordenen Erbtheiles [331]).

Dies die vollständige Geschichte der falkenstein-münzenberger Theilung, durch welche unser Falkenstein an die Familie
von Virneburg in der Person des Grafen Ruprecht gefallen.

---

[329]) Datum Ao. Dni. 1420, tertia feria proxima post diem
beati Urbani Pape. Gudeni cod. dipl. V, 891, Nr. 120.

[330]) Datum et actum Liech crastino die festi Penthecostos, Ao.
Dni. 1420. Daselbst V, 890, Nr. 118.

[331]) Datum Ao. Dni. 1420 feria secunda post exaltationis Sancte
Crucis. Daselbst V, 891, Nr. 119.

Somit verschwand der Namen der Grafschaft Falkenstein, weil die früher dazugehörigen Länderstücke seitdem getrennt und unter Eppenstein, Sayn, Solms, Isenburg und Virneburg vertheilt waren. Allein die alte Herrschaft Falkenstein am Donnersberge ward jetzt von den münzenberger Besitzungen abgesondert und der durch Münzenberg beinahe erloschene und verdunkelte Namen Falkenstein auch seitdem aufs neue zur Selbständigkeit erhoben und nebst dem alten Wappen, dem silbernen Rade im blauen Felde, wieder in seine alten Vorrechte eingesetzt. Ruprecht nannte sich nun Graf von Virneburg und Herr zu Falkenstein.

b. Ruprecht Graf zu Virneburg und Herr zu Falkenstein.

Ruprecht entstammt einem alten und mächtigen Grafengeschlechte. Daraus machten sich besonders zwei Erzbischöfe bekannt und berühmt: Heinrich Erzbischof von Köln, ein kräftiger tüchtiger Mann, der seiner Diözese von 1305 bis zum 7. Januar 1332 rühmlichst vorgestanden; der andere, ebenfalls Heinrich geheissen, der 1328 zum Prälaten von Mainz ernannt, 1345 jedoch als ein feuriger Anhänger und treuer Verehrer Kaiser Ludwigs des Bayern durch den Papst seiner Würde entsetzt wurde und am 21. Dezember 1353 starb.

Des Grafen Ruprecht Lebensgeschichte ist in mancher Beziehung merkwürdig. 1402 schloss er ein Bündniss mit der Stadt Trier und 1429 unterstützte er den Domdechanten zu Köln, Ulrich von Manderscheid, welchen einige Domherren zum trierer Erzhirten erwählt hatten. Er begleitete diesen Ulrich selbst nach Rom, brachte es auch durch sein Ansehen dahin, dass die trierer Lehensleute demselben huldigten und ihm ihre Burgen öffneten. Darauf führte er für jenen den Krieg fort gegen den vom Papste ernannten Erzbischof Raban von Helmstadt und belagerte desshalb auch 1433 die Stadt Trier. In seinem Eifer für seinen Schützling den Prälaten Ulrich ging er zuletzt soweit, dass nach dem Vorbilde des berühmten Mädchens von Orleans er ein geharnischtes Weib auf seinen Kriegszügen mit sich führte und durch dieselbe seine Reisigen und Knechte zu begeistern suchte. Allein er verfehlte seinen Zweck durch solche Kriegslist, weil man dieser Prophetin keinen Glau-

ben und kein Zutrauen schenkte, wiewol sie zu Köln wunder-
bare Dinge verrichtet haben soll. Endlich fiel sie daselbst in
die Hände der Inquisition, die sie nöthigte sich verborgen zu
halten. Ulrich musste zuletzt 1435 seinen sämmtlichen Ansprüchen auf den trierer Kurstuhl entsagen. Nichtsdestoweniger
setzte Graf Ruprecht dennoch die Feindseligkeiten fort und
verheerte das koblenzer Gebiet solange, bis der Erzhirte Raban
ihm für seine Kriegskosten 45,000 Gulden verschrieb. Hiefür
musste dieser jedoch 1435 verpfänden die Herrschaften und
Aemter Schöneck in der Eifel, Schönberg, Daun, Kempenich
und Hammerstein [332]). Ruprecht war überhaupt von einem mar-
tialischen Geiste beseelt. Seine vielen Kriege und Fehden geben
hievon Zeugniss. Der Ruhm den er sich auf vielen solcher Züge
erworben, verschaffte ihm 1433 eine Stelle unter den Rittern des
goldenen Vliesses [333]). Mit diesem hohen Orden sind jetzt noch
grosse Ehren und Auszeichnungen verknüpft; früher aber, als
derselbe nur wenigen zutheil ward, waren noch viel höhere
Würden und Ansehen damit verbunden.

Bezüglich unserer Herrschaft Falkenstein finden wir diesen
Grafen Ruprecht, ihren Besitzer, eben seiner beständigen Feld-
züge wegen nur in einigen öffentlichen Instrumenten: vorerst
1422, da er dem pfälzer Kurfürsten Ludwig IV. zwei Fuder
Weingilten, 25 Malter Korn- und 75 Malter Hafergilten, auf
der Hülfte der Herrschaft Falkenstein ruhend, für 40 Fuder
Wein, 500 Malter Korn und 1500 Malter Hafer wiederlöslich
verpfändete. Diese Gilten hätten die falkensteiner Dörfer jährlich zu liefern. Zugleich habe jener Fürst für die Dauer dieser
Pfandschaft alle Frevel und Bussen einzuziehen, dagegen sei er
aber auch verpflichtet die in den bezeichneten Orten gesessenen
Unterthanen zu schützen und zu schirmen [334]). Dann erscheint

---

[332]) Siehe über diese Begebenheiten die Geschichtswerke von
Brower antiq. trevirensis II, 261 bis 273. Honthcim hist. trev. et
Trithemij Annal. Hirsaug. etc.

[333]) Chifflct Insign. gent. equit. aurei velleris. 1632, pag. 21.

[334]) Geben in dem Jare etc. 1422 off den heiligen palmabend,
und des Kurfürsten Revers wegen der Einlösung ist gegeben: Datum
Ao. dni. 1422 feria secunda post palmarum. Karlsruher pfälzer
Kopialb. Nr. 10, fol. 78 etc.

derselbe nochmals in einer Urkunde von 1426, worin nebst den
solmischen und isenburgischen Miterben er dem Komtur zum
heiligen Grabe des St. Johanniterordens in Mainz eine Truhe
mit den über Falkenstein sprechenden gemeinschaftlichen Urkunden und Briefen zur Aufbewahrung übergab[335]) unter der
ausdrücklichen Bedingung: sie nur den Betheiligten mitzuthei-
len und denselben entweder glaubwürdige Abschriften oder
nöthigenfalls die verlangten Urkunden im Originale auszuhändigen, nach Monatsfrist müssten sie aber dem Komtur überliefert und von demselben wieder in die Lade gelegt werden.
Graf Ruprecht starb in sehr hohem Alter zu Lutzenburg
am 9. October 1444[336]). Er war zweimal vermählt: zuerst an
Schonette von Blankenheim bereits 1390[337]), und darauf zum
zweitenmale mit der Gräfin Agnes von Solms[338]), einer Tochter
des Grafen Otto und der Agnes von Falkenstein. Schon
1420 war sie nicht mehr am Leben und brachte, wie wir
aus vorstehender Theilungsgeschichte vernommen, denjenigen
Theil aus der falkenstein-münzenberger Erbschaft ihm zu, welcher die Herrschaft oder die später wiedererneuerte Grafschaft
Falkenstein umfasste. Mit dieser zweiten Gattin zeugte er vier
Kinder, zwei Söhne und zwei Töchter, nämlich Philipp und
Ruprecht, dann Anna und Genofeva. Jene erhielt den Grafen
Johannes von der Mark zum Gemahle und bekam einen Theil
der virneburger Lande zum Brautschatze; diese ehelichte 1430
den Grafen Heinrich von Nassau-Beilstein, schied aber schon
am 18. April 1437 aus dieser Zeitlichkeit[339]).

c. Philipp und Ruprecht, des Grafen Ruprechts Söhne.

Beide Söhne waren noch bei ihres alten Vaters Lebzeiten
gestorben. Wir können uns hier also ganz kurz fassen, denn

---

[335]) Datum Ao. Dni. 1426 Sabbatho proximo post dominicam
Invocavit. Gudeni cod. dipl. mogunt. V, 912, Nr. 134.

[336]) Joannis rerum moguntiac. I, 656, lit. i.

[337]) Daselbst I, 656, lit. i.

[338]) Gudeni cod. dipl. II, 1228.

[339]) Siehe über diese beiden Töchter: Joannis l. c. 656, Hontheim hist. trev. dipl. II, 391, Gudeni cod. dipl. II, 1354, Ludolfi
Symphorema decis. for. T. III, P. II, 366 und Lünig's Reichsarchiv
sect. spec. II, 1003.

nicht viele Handlungen sind von ihnen bekannt. Die münzenberger Theilung besagt: sämmtliche Miterben hätten sich verbindlich gemacht von ihren Besitzungen nichts an einen Fürsten zu verpfänden oder wiederlöslich zu veräussern, denn solche Güter kämen natürlich nur sehr schwer aus der Hand eines Mächtigen wieder zurück. Allein bereits 1422 sündigte Diether von Isenburg gegen diese Uebereinkunft, indem er dem mainzer Erzbischofe Konrad die Lösung des ihm zugefallenen Fünftheiles an der Reichspfandschaft Pfeddersheim und Calsmunt gestattete [340]). Ein gleiches that auch Graf Ruprecht zwei Jahre später, als er mit seiner beiden Söhne Zustimmung demselben Kurfürsten Konrad seinen Antheil an jener Stadt und Burg käuflich überliess, jedoch mit dem Vorbehalte der Wiedereinlösung [341]).

An manchen Kriegszügen ihres Vaters nahmen die zwei Brüder gleichfalls Antheil. 1435 bestätigten und genehmigten sie auch mit demselben die durch den Erzbischof Werner zu Trier 1416 geschehene Uebertragung der Pfarrei Bretzenheim an die Abtei Arnsburg [342]). Auch Junker Philipp von Virneburg als des Grafen von Nassau Bundesgenosse übte im nämlichen Jahre viele Feindseligkeiten aus in dem Erzstifte Mainz [343]). Sein Bruder Ruprecht blieb unverheiratet und soll seinen Sitz in Schönberg gehabt haben, allein er starb gleich seinem Bruder Philipp ebenfalls vor seinem Vater. Dieser Philipp hatte sich 1419 mit Katharina, einer Tochter und Erbin Wilhelms von Saffenberg und Nuenar vermählt [344]) und vier Kinder mit derselben gezeugt, nämlich zwei Söhne Ruprecht und Wilhelm, von denen nachher zu handeln, und zwei Töchter

---

[340]) Geben zu Bingen nach Crists Geburt 1422 Jaren, off Sant Niclaus des heiligen Bischoffs tag. Gudeni cod. dipl. V, 899, Nr. 125.

[341]) Joannis rer. moguntiac. I, 656, nota i.

[342]) Acta sunt haec Confluen. Ao. 1435 indictione tertia, die vero martis 14 mensis junij. Falkensteiner Kopialbuch im Arch. zu Speier, Nr, 185, fol. 131 a.

[343]) Joannis l. c. I, fol. 753.

[344]) Jura successionis illustr. Loewenhauptensium in Dynastiam Bretzenheim § 27 et 28, et Joannis cit. l. I, fol. 656.

Agnes und Mathilde, die bei der abermaligen Theilung von 1445 noch ledigen Standes waren. Später wurde jene mit dem Grafen Friedrich von Wied und Herren zu Runkel, diese an den Grafen Kuno von Leiningen-Westerburg vermählt [315]).

d. Ruprecht und Wilhelm, Grafen von Virneburg, letzterer zugleich Herr zu Falkenstein.

Beide erscheinen bereits 1443 in einem Dokumente ihres Grossvaters Ruprecht als unter dessen Vormundschaft stehend [346]). Wilhelm, der jüngere Bruder, war schon frühzeitig mit einer Domherrenstelle zu Köln versehen [347]), allein er trat später wieder zurück in den weltlichen Stand und theilte nach seines Grossvaters 1444 erfolgtem Hinscheiden im folgenden Jahre mit seinem Bruder gänzlich ab, damit, wie sich beide in der Urkunde ausdrücken, keine Zwietracht oder Unwillen unter·ihnen entstehen möchte und auf dass auch jeder von ihnen wisse, wie viel er an den Lasten und Schulden zu tragen habe, womit die Gesammtgrafschaft Virneburg sowie die zu derselben gehörenden Herrschaften damals beschweret waren [348]). Ruprecht erhielt als der erstgeborene sowie auch dem Inhalte des väterlichen Testamentes zufolge 10,000 Gulden, die auf der Herrschaft Sleiden hafteten, dann die Grafschaft Virneburg sammt den Schlössern Montreal, sowie die grosse und kleine Pellenze mit ihren Dörfern und Zugehörden zum voraus, worauf er mit seinem Bruder ins Theil ging und noch die von der Mutter ererbten Herrschaften Saffenberg und Nuenar, Schloss und Dorf Gelstorf u. s. w. mit der Verpflichtung bekam, die auf diesen Länderstücken ruhenden Schulden von 28,640 Gulden abzutragen. Dem Grafen Wilhelm, dem jüngeren Bruder, fiel als Erbtheil zu: Schloss und Herrschaft Falkenstein mit sämmtlichen Dörfern, Gerichten, Renten, Waldungen, Fischereien sammt allen möglichen Zuständigkeiten und

---

[345]) Siehe die beiden eben angeführten Stellen.

[346]) Joannis l. c. I, fol. 656, nota 1.

[347]) Daselbst in der Stammtafel.

[348]) Gegeven uff den Sontag neist nae Sente Michels tago dess heiligen Engels, in dem Jaro unsers Herren 1445. Mso. siehe auch Ludolfi Symphorema decis. for. T. III, P. II, fol. 866 etc.

mit aller Herrlichkeit, sowie solches jederzeit zu Falkenstein
gehört habe; ferner die Lösung der Burg und Stadt Pfeddersheim, die Herrschaft Schönberg, den Hof Thommen nebst noch
vielen und ansehnlichen jährlichen Zinsen aus den Niederlanden.
Mit diesen Besitzungen musste er aber auch zugleich die Be-
zahlung einer darauf haftenden Schuldenlast von ungefähr
25,498 Gulden übernehmen. Gemeinschaftlich indessen behielten
beide Brüder die Schlösser und Herrschaften Dürby, Stolzenberg, Merxsche, Maelberg, Veeltze und Hamme nebst vielen
Renten und Gilten, wobei aber noch ausdrücklich ausbedungen
ward: dass die sonstigen väterlichen Schulden und Pfandschaften
gemeinsam ausgerichtet und gelöset werden sollten; dann dürfe
keiner der Brüder etwas von seinem Antheile versetzen oder
verkaufen; komme einer jedoch in einen solchen Fall, so möge
er es dem andern ein halbes Jahr zuvor anbieten und wann es
dieser nicht wolle, dann solle er damit handeln nach seinem
besten Nutzen und Gewissen; zudem dürfe keiner von ihnen
ohne seines Bruders Wissen und Willen einen Fürsten in die
Herrschaften oder Burgen einsetzen; ferner solle, wenn die eine
Linie ohne eheliche Leibeserben erlösche, der andere noch
lebende Bruder oder seine ehelichen Nachkommen die Güter
und Besitzungen derselben erben. Schliesslich wurde noch das
nöthige wegen des Witthumes ihrer Mutter und Grossmutter,
sowie auch über die Aussteuer ihrer zwei Schwestern Agnes
und Metze (Mathilde) angeordnet.

Durch diese Theilung und Absonderung entstanden im
virneburger Hause zwei Linien, nämlich die virneburg - saffen-
berger oder ruprechtische und die virneburg-falkensteiner oder
wilhelmische Linie. Der Stifter jener Linie schied aus der Welt
im Jahre 1459 [349]). Wilhelm Graf von Virneburg und Herr zu
Falkenstein bekannte urkundlich 1453, sein Ahnherr Ruprecht
hätte sein Eigenthum nebst allen Gerechtsamen in den Dörfern
Höfen und Gerichten Gudenbach, Rode, Niederwiesen und
Schuiftenberg an die Rauhgrafen verpfändet, in deren Besitze
sich jetzt sein lieber Neffe Wyrich von Dhaun, Herr zum Oberstein, befinde; er aber habe dem Simon von Guntheim die Ab-

---

[349]) Joannis rer. moguntiac. I, 656, in tab. genealog.

lösung solcher Pfandschaft vergönnet und ihm zugleich deren
Besserung zu Erblehen verliehen [350]).
Graf Wilhelm nahm nicht lange nach vorstehender Theilung im Jahre 1446 die Franzoise oder Franziska von Rodem-
achern zur Ehe [351]). Aber nicht im Stande die auf seiner Herrschaft noch ruhende alte Schuld von 12,285 Gulden abzutragen,
überliess er nebst seiner Gattin sowie mit der Genehmigung
seines Bruders Ruprecht und dessen Ehehälfte Margaretha von
Sombref 1456 sein gesammtes falkensteiner Land, Eigenthum
wie Lehen, nichts ausgenommen [352]), nämlich: das Schloss
Falkenstein mit dem Thale darunter, am Donnersberge gelegen,
mit allen Mannen und Burgmannen, Lehen, Lehengütern
u. s. w., sammt allen anderen Städten, Schlössern, Dörfern,
Höfen und Gerichten, mit Namen Bretzenheim, Wintzenheim,
Hilbersheim, Bibelsheim, Zotzenheim, Ulversheim, Bechtheim,
Sülzen, Jakobsweiler, Haynweiler, Imsbach, Waldlaubersheim,
Grehweiler, Santelwein, Schneeberg, Gerbach, Freimersheim,
Winnweiler, Heringen, Schweinsweiler, Gundersweiler, Hoh-
steden, Teschenmoschel und Steinbach, die Fähre bei Weissenau oberhalb Mainz und das Dorf Hillesheim zur Hälfte,
sowie dies alles, Lehen oder Eigen, bisher zu dem
Schlosse und der Herrschaft Falkenstein gehöret habe und noch
gehöre, dann auch die verpfändeten Orte Pfeddersheim, Hargs-
heim, der Zehent zu Erbesbüdesheim, Dienheim und Dalheim
bei Oppenheim gelegen, Vilzbach und das Lehen bei Mainz,
Gross- und Kleinniedesheim nebst einem Theile des Zehnten
zu Kolgenstein und Obrigheim — das alles also überliess und
verkaufte Graf Wilhelm jenem Herrn Wyrich von Dhun, seiner
Gemahlin Margaretha, Gräfin von Leiningen und ihrem ältesten
Sohne Melchior zum Eigenthume, jedoch unter folgender Beding-

---

[350]) Dor geben ist vff Freytag nach dem Sontag genant zu
latin vocem jocunditatis. Ao. dni. 1453 Jar. Falkensteiner Kopialbuch etc. Nr. 185, Fol. 58 a.
[351]) Joannis l. c. I, fol. 656 in tab. genoalog.
[352]) Der gegeben ist inne dem Jare als man zalt etc. 1456
Jare uff Frytag nach dem heiligen Pingestage. Senckenberg selecta
juris et historiarum II, 699—722.

ung: Wyrich müsse nämlich seinen Sohn Melchior, sobald er
15 Jahre alt geworden, des Grafen ältester Tochter namens Irmgart zum ehelichen Gemahl geben und demselben zu seinem
Unterhalte die halbe Herrschaft Falkenstein abtreten und übergeben, wogegen aber der Herr von Dhun sämmtliche auf Falkenstein haftende Schulden und Pensionen auszurichten und zu bezahlen übernehme. Zugleich wird auch in diesem wichtigen
Dokumente noch Vorsorge getroffen, wie es, falls jene virneburger Tochter keine Leibeserben bekommen oder nur Töchter
hinterlassen würde, mit der Erbfolge gehalten werden sollte.
Graf Wilhelm setzte darauf den von Dhun sogleich in den Besitz und Genuss der falkensteiner Herrschaft ein, behielt sich
aber aus den Einkünften derselben ein Kapital von 4500 ober-
länder Gulden vor, was ihm jedoch nur dann erst zufallen sollte,
wann seine Tochter Irmgart unbeerbt sterben würde. Das geschah in der That, indem diese vor dem Abschlusse der projek-
tirten Ehe in jugendlichem Alter aus dem Leben schied. Zum
Vollzuge der oben auseinandergesetzten Uebereinkunft ward
später dem Melchior von Dhun die Jungfrau Margaretha, eine
jüngere virneburger Tochter, als Gattin beigesellt [353]. Im nämlichen Jahre erliess auch jener Graf Wilhelm einen gemessenen
Befehl an die Bewohner der Herrschaft Falkenstein, den Bestimmungen des mit dem Herrn Wyrich von Dhun abgeschlossenen Kauf- und Familienvertrages in allen seinen Punkten
nachzuleben und zu gehorsamen [354]. Die übrigen Kinder und
die Familienverhältnisse jenes Grafen von Virneburg können in
der genealogischen Tabelle Nro. II. nachgesehen werden.

---

[353] Jura successionis illustr. Löwenhauptens. etc. § 6 et 8.
[354] Dieser Brief wart gegeben jm Jar 1456 vff Sanct Joannis-
tag Baptistæ. Msc.

Dritter Abschnitt.

Die Falkensteiner aus dem Hause Dhun.

Siehe genealogische Tafel Nro. III.

a. Wyrich von Dhun, Herr zu Falkenstein.

Die dhunische Familie ist ebenfalls eine sehr alte. Sie hatte bedeutende Besitzungen besonders im Nahegau. Unser Wyrich von Dhun war schon 1450 Rath bei dem trierer Erzbischofe Jakob und nahm als solcher auch an der Stiftung der Eberhartsklause in der Eifel nicht nur thätigen Antheil, sondern verrichtete sogar noch Wunderheilungen in derselben vermittelst Weines, welchen, nachdem von ihm darin Reliquien abgewaschen, er auf die Kranken goss [355]). Solchen Dingen, überhaupt der grossen Frömmigkeit Wyrichs schrieb man auch damals als sichtbaren göttlichen Segen die Vermehrung seines Vermögens zu. Er besass nämlich die Burg Wilenstein mit ihren Zubehörden, dann die Hälfte der rauhgräflichen Herrschaft Neuenbaumburg (deren eine Hälfte er von seiner Mutter der Rauhgräfin Imagina oder Mena geerbt, die andere Hälfte aber von dem Erzbischofe Adolf von Mainz für die demselben gegen den Erzhirten Diether von Isenburg geleistete Hilfe zum Werthe von 10,000 Gulden im Jahre 1467 unterpfändlich erhalten hatte [356]); ferner die Herrschaft Stolzenberg, deren grosser und kleiner Zehent ihm bereits 1450 durch den Rauhgrafen Otto für jährliche 170 Goldgulden und 100 Malter Korn versetzt war [357]; endlich noch Oberstein an der Nahe, zu welchen schönen Besitzungen, wie bereits bemerkt, er im Jahre 1456 auch die Herrschaften Falkenstein und Bretzenheim von Wilhelm von Virneburg erworben. Auf diese merkwürdige Uebereinkunft müssen wir hier nochmals für einige Augenblicke zurückkommen.

---

[355]) Broweri et Massenii antiquitates trevirenses II, fol. 287.

[356]) Der geben ist zu Mentz am Dienstag nach sant Bonifaciustag Ao. Dni. 1467. Senckenberg in Selectis, V, 373, Nr. 12.

[357]) Geben vff montag vor Sanct Martinstag ao. dni. 1450. Msc.

8*

Die Herrschaft Falkenstein war zur Zeit sehr überschuldet, und unser Wyrich half dem Grafen von Virneburg mit seinem und seiner Gattin Vermögen aus der Geldnoth, indem nebst der Uebernahme der auf Falkenstein hafteuden Schulden er einer sicheren Urkunde vom Jahre 1457 zufolge demselben und seiner Ehehälfte Franziska auch noch eine bedeutende Summe baar erlegte[358]). Unmittelbar nach dem Abschlusse dieses Vertrages gelangte Wyrich in den Besitz der Erbgüter, Lehen und Pfandschaften Falkensteins, musste aber sich anheischig machen, seinem Sohne Melchior eine virneburger Tochter zur Gemahlin zu geben, welche von ihrem Vater die Hälfte der Herrschaft Falkenstein und die dazu gehörigen Mannschaften nebst einer jährlichen Rente von 200 Gulden aus der Herrschaft Oberstein erhalten sollte. Würde jedoch dieser Melchior vor oder auch nach seiner Verheiratung ohne Leibeserben mit Tode abgehen, so solle dennoch die Herrschaft Falkenstein der dhunischen Familie erb- und eigenthümlich verbleiben. Auf diesen Fall behielt der Graf von Virneburg, wie früher bemerkt, sich nur aus eine lebenslängliche Rente von 4500 Gulden. Seitdem führte Wyrich den Titel bald als Graf, bald als Herr von oder zu Falkenstein.

Bekanntlich war diese Herrschaft ein Reichslehen. Sobald also ihre ebenberührte Veräusserung an das dhuner Haus vollbracht, ersuchte der Herzog Johannes von Lothringen den deutschen Kaiser Friederich III., ihm die Lehensherrlichkeit über Falkenstein zu ertheilen. Dies geschah 1458[359]), indem er den Herrn Wyrich von Dhun anwies, dass, weil Herrschaft und Schloss Falkenstein am Donnersberge jenem Herzoge zur Besserung seiner Lehen übertragen worden, er seine falkensteiner Reichslehen künftig von demselben zu empfahen habe. Das erfolgte auch einige Monate darauf[360]). Solchergestalt kam

---

[358]) Der geben ist vff Sanct Palmabend ao. dni. 1457. Falkensteiner Kopialbuch im speierer Kreisarchive Nr. 185, Fol. 75 b.

[359]) Geben zu Wienn am Montag nach St. Erasmentag nach Christi Geburt etc. 1458 etc. Ludolfi Symphorema decis. forens. Tomo III, Parte II, Folio 381.

[360]) Der geben ist zu Jennauwe vff Sant Dionisius Dag in dem Jar als man zalte nach Christo Geburt etc. 1458. Manuskript.

unser Falkenstein vorerst lebensweise, später aber eigenthümlich an das lothringische Haus. Wyrich war ein ein- und umsichtiger, sparsamer Mann und ein guter Hausbalter. Das auch der einzige Grund des Anwachses seiner Güter und Besitzungen. Was von der Herrschaft Falkenstein verpfändet, löste er wieder ein und befreite dieselbe bald von allen Lasten und Schulden. So löste er bereits 1460 das an die Brüder von Lewenstein versetzte Dorf Kalkofen mit 400 Gulden wieder an sich [361]). Drei Jahre später indessen schlug er sich auf die Seite der Feinde und Widersacher des mannhaften und hochaufstrebenden Kurfürsten Friederich I. von der Pfalz. In einer besonderen Zuschrift erklärte er diesem: er sei ein Helfer des Erzbischofs Diether von Mainz und des Herzogs Ludwig des Schwarzen von Pfalzzweibrücken [362]) geworden, trat aber später auf die Seite jenes Heldenfürsten und erzeigte ihm viele treue und wichtige Dienste, so dass dieser ihm 1470 nicht nur die Auslösung der durch Virneburg im Jahre 1422 an die Pfalz versetzten Wein- und Fruchtgilten (siehe oben bei letzterem Jahre) nachliess und sie ihm wieder frei zustellte, sondern demselben auch noch an dem nämlichen Tage die Stadt Rockenhausen und das Dorf Imsweiler zum lebenslänglichen Besitze einräumte, nur mit dem Vorbehalte der Oeffnung in Rockenhausen [363]). Wyrich brachte unterdessen den den Adeligen von Nackheim zuständigen Theil an der Gudenbach 1472 käuflich an sein Haus [364]). Drei Jahre nachher entschied der pfälzer Kurfürst mehrere Irrungen des Wild-und Rheingrafen Johannes zu Kyrburg mit unserem Wyrich

---

[361]) Vff montag vor Sanct Andreä tag Ao. dni. 1460. Falkensteiner Kopialbuch in Speier Nr. 185, fol. 120 a.

[362]) Off fritag nach der dreyer heiligen konige dag Anno LX tercio. Karlsruher pfälzer Kopialb. Nr. 13, fol. 130 b.

[363]) Beide sind ausgestellt: Datum Heidelberg vff Samsstag sant Egidien tag Ao. dni. 1470. Daselbst Nr. 12, fol. 128 und Nr. 65, fol. 48—50.

[364]) Vff heut montag dess heiligen mertelers Sanct Laurentzen tag in dem etc. 1472. Falkenst. Kopialb. Nr. 185, fol. 60 a.

von Falkenstein in der Güte [365]). Nach Jahresfrist erneuerte letzterer den Erbbestand des beträchtlichen Gutes bei dem Dorfe Ilbesheim [366]).

Im Mai 1476 verlieh Kurfürst Friederich I. diesem Wyrich von Falkenstein ein Kupfer- und Lasurbergwerk an der Westseite des Donnersberges, von welchem er sich jedoch den gebräuchlichen Zehnten vorbehielt, während die übrigen daselbst befindlichen und eröffneten Eisengruben jenem allein und ungetheilt zustehen sollten [367]). Dieser Vertrag aber ward einiger seit 1485 eingetretenen Differenzien wegen durch den Kurfürsten Philipp 1487 aufs neue bestätigt [368]). Auch von anderen Herren wurden Wyrichs Verdienste anerkannt. 1477 war er bereits kurtrierischer Hofmeister und Beamter zu Pfalzel, auch kurpfälzischer Amtmann zu Amberg, 1496 wurde er sogar Rath und Kämmerer des Königs von Frankreich. 1480 erkaufte [369]) derselbe den vierten Theil der Dörfer Lohnsfeld und Potzbach nebst allen ihren Zuständigkeiten, gleich darauf eine Gilte zu Hanweiler von den Edeln von Randeck um eine gewisse Quantität Weines [370]). 1491 aber errichtete der Kurfürst Philipp von der Pfalz einen Anlass, damit die Gebrechen Wyrichs und Melchiors von Falkenstein mit den Gemeinern der Burg Wilenstein durch die Ritter Hans von Drat und Schweickart von Sickingen friedlich beigelegt werden würden [371]). Im folgenden

---

[365]) Datum Heidelberg vff Samsstag vor sant Barbaren tag Ao. Dni. 1475. Orig. im k. Reichsarchive zu München.

[366]) Vff mittwoch vor vnser Lieben Frouwen tag purificationis Mariæ in dem Jahr etc. 1476. Falkst. Kopialb. Nr. 185, f. 156 b.

[367]) Datum Heidelberg vff dornstag nach exaudi Anno dni. 1476. Mscpt.

[368]) Datum Wesalie vff Sant Valentinstag etc. 1487. Mscpt.

[369]) Vff heut sambstag nechst nach Sanct Mattheus dess heiligen Euangelisten tag in dem man schriebe etc. 1480. Falkensteiner Kopialbuch in Speier Nr. 185, fol. 11 b.

[370]) Der gegeben ist vff heut Sanct Michaelss dess heiligen Ertzengelsstag in dem man schrieb etc. 1480. Das. fol. 52 a.

[371]) Datum Heidelberg vff Dinstag nach Gallentag Ao. dni. 1491. Mscpt.

Jahre stiftete unser Wyrich in das Antoniterhaus zu Alzei eine jährliche von dem Gemeindebackhaus in Wonsheim fallende Rente von einem Gulden [372].) 1495 endlich bestätigte Kaiser Maximilian I. die durch seinen Vorgänger Friederich III. geschehene Uebertragung des Lehens der Herrschaft Falkenstein an die Herzoge von Lothringen [373]).

Weiter ist uns nichts über Wyrich bekannt, als dass er am 1. Mai 1501 in sehr hohem Alter verschied und seine Ruhestätte in der Abteikirche zu Otterberg bei Kaiserslautern erhielt [374]). Zur Lebensgeführtin hatte er sich die älteste Tochter des Grafen Emich VI. von Leiningen Margaretha erwählt, die eine Aussteuer von 3000 Gulden erhielt und 1440 nebst ihrem Eheherrn den üblichen Verzicht auf jede väterliche und mütterliche Erbschaft ausstellte [375]). Ungewiss jedoch ist die Zeit ihres Todes. Ihr Sohn Melchior pflanzte den Stamm fort. Die übrigen Kinder sind zu ersehen aus der Stammtafel Nro. III.

b. Melchior von Dhun - Falkenstein.

Dieser Herr ging nicht lange nach seinem Erzeuger mit Tode ab und sind nur wenige Nachrichten von ihm vorhanden. Nach seiner Vermählung erhielt er der Uebereinkunft von 1456 gemäss von seinem Vater die Hälfte der Herrschaft Falkenstein und stiftete dann 1499 in der vor der Burg Falkenstein befindlichen Katharinenkapelle eine wöchentliche Messe, welche die Brüder des St. Paulusklosters auf dem Donnersberge an jedem Samstage abhalten mussten. Diese Messe war mit einer

---

[372]) Der geben vnd beschehen ist uff hüt Montags nach dem Sontag Trinitatis Ao. Dni. 1492. Würdtwein Monast. palat. VI, 37, Nr. 124.

[373]) Geben in Unser vnd des Heiligen Reichsstadt Worms am 15den Tag des Monats May etc. 1495. Ludolf cit. 1, folio 384.

[374]) S. Würdtwein Monast. pal. I, 239 und Acta Acad. Theod. pal. I, 36.

[375]) Der geben ist vff Sontag, alss man singet in der heiligen Kirchen Jubilate anno dni. 1440. Mscpt.

jährlichen Gilte von 6 Malter Korn begabt [376]). Im September
1501 ward er durch den Kurfürsten Philipp mit den pfälzischen
Lehenstücken, bestehend in dem Zehnten zu Schönenberg, Quei-
dersbach u. s. w. und in der Hälfte der Burg Wilenstein [377]),
sowie einige Monate später auch mit den jährlichen 30 Malter
Kornes zu Lautern beliehen [378]). 1505 befand sich Melchior auf
dem Reichstage zu Köln. Er segnete jedoch das Zeitliche am
1. September 1517 und ruhet neben seinem Vater in der otter-
berger Klosterkirche [379]).

Die ihm im Vertrage von 1456 bestimmte Brant Irmgart
von Virneburg starb, wie wir wissen, in der Jugend. Um seine
Ansprüche und sein Recht auf die Herrschaft Falkenstein dauernd
zu begründen und um zugleich die Bedingungen jener Vereiu-
barung vollständig zu erfüllen, nahm er daher ihre Schwester
Gräfin Margaretha zur Ehe. Diese gebar ihm vier Söhne, nämlich Hermann, schon vor seinem Vater verschieden; dann Philipp und nachher Wyrich, des Stammes Erhalter und Nachfolger
seines Vaters; der jüngste, Melchior geheissen, erhielt frühzeitig
eine Dompräbende in Köln [380]).

Von dem zweiten Sohne Philipp, der am 15. Februar 1530
ledigen Standes verschied und gleichfalls in Otterberg beerdigt
ward [381]), haben wir ausserdem, dass er den vierten Theil au°
Lohnsfeld von den Edeln von Heppenheim 1518 erkaufte [382])
und einige Monate später durch den pfälzer Kurfürsten Lud-

[376]) Geben vnd beschcen vff montag nach vnsor lieben Frauwen
tag nativitatis Im Jare etc. 1499. Remling's speierer Urkundenbuch II, 452, Nr. 232.

[377]) Datum uff Montag nach Mauricij Anno dni. 1501. Ungedruckt.

[378]) Datum Wormbs vff Montag nach Elisabeth ao. dni. 1501.
Mskpt.

[379]) Siehe die oben bei Wyrich's Tode angeführten Stellen.

[380]) Gebhardi Gesch. der reichsständigen Häusser. 697.

[381]) Siche vorstehende Noten bei dem Tode Wyrich's und
Melchior's.

[382]) Der geben ist uff dienstag nach dem sonntag quasimodo
geniti ao. dni. 1518. Ungedruckt.

wig VI. mit der halben Veste Wilenstein nebst deren Zubehörden belehnt wurde [383]), noch folgendes sehr merkwürdige hier anzufügen. Philipp erlangte desselben Jahres von Kaiser Maximilian I. eine Erneuerung der dem falkensteiner Hause durch König Wenzeslaus verliehenen gräflichen Würde [384]). Demzufolge ward diese Grafschaft sammt allen ihren Zugehörungen in jeder Beziehung gefreiet und ihren Besitzern die Befugniss ertheilt: das Vermögen solcher Personen, die ohne Erben ableben würden, an sich zu ziehen, sowie auch die sogenannten Wildfänge sich zuzueignen. Zugleich setzte der Kaiser noch fest: niemand dürfe sie in der Ausübung des Bergwerkregales hindern oder gar beeinträchtigen. Also waren durch des Kaisers Gnade die Falkensteiner wieder in ihre früheren Rechte, Würden und Freiheiten eingesetzt.

c. Wyrich von Dhun, Graf zu Falkenstein.

Als sich im Jahre 1519 eine Irrung zwischen Wyrichs Söhnen Philipp und Wyrich und zwischen den Töchtern ihres Oheims Hannemann von Falkenstein wegen der Trennung des falkensteiner Gebietes von dem obersteiner ergeben, beauftragte der pfälzer Kurfürst Ludwig VI. den Ritter Franz von Sickingen, solche Zerwürfnisse zu vermitteln. Dieser vollbrachte das mit einigen Rathsmännern [385]). Mit deren Ausspruche wollten aber jene zwei Brüder sich nicht zufrieden geben und so nahm der genannte Kurfürst die Sache selbst in die Hand und bewirkte auch 1524 wirklich eine gütliche Uebereinkunft zwischen den erbitterten Parteien. Seit den uns bekannten Bergwerksverträgen der Kurfürsten Friedrich I. und Philipp von der Pfalz aus den Jahren 1476 und 1487 mit den Falkensteinern hatten sich wiederholt allerlei Spänne zwischen beiden Theilen erhoben. Für deren Beilegung war Herr Wyrich von Dhun zwei Jahre nach

---

[383]) Geben vff Dinstag nach dem Sontag invocavit Anno domini 1518. Falkensteiner Kopialbuch in Speier Nr. 185, fol. 13 a.

[384]) Geben zu Augspurg am neunzehenden Tag des Monaths Julj etc. etc. 1518 etc. Ludolfi Symphorema etc. Tomo III, Parte II, fol. 261.

[385]) Datum Sambstags nach Valentini Ao. dni. 1519. Mskpt.

seines Vaters Hinscheiden ernstlich bedacht. Es gelang ihm auch unter der Mitwirkung des kurpfälzischen Hofmeisters von Fleckenstein und des Kanzlers von Venningen im Jahre 1519 dadurch, dass der Kurfürst Ludwig VI. auf die Hälfte seines Vorkaufsrechtes in jenen Bergwerken zugunsten der falkensteiner Brüder Philipp und Wyrich Verzicht leistete [386]). Das schon mehrmals genannte Wilenstein bestand aus zwei Burgen. Die obere oder die Hauptveste stand den Falkensteinern grösstentheils allein zu, hingegen an der anderen oder unteren Burg hatten viele sogenannte edle Ganerben Theil. Au Reibereien und gegenseitigen Beeinträchtigungen zwischen den Besitzern beider Schlösser fehlte es darum nicht, so auch im Jahre 1520. Diese Unannehmlichkeiten wurden jedoch von unseren zwei falkensteiner Brüdern sogleich mit den Ganerben in Ordnung gebracht durch eine gütliche Anseinandersetzung [387]).

Graf Wyrich war überhaupt ein tapferer Degen und Held. Als Reichsfeldherr leitete er auch die Belagerung der Stadt Münster, welche 1536 sich ihm endlich ergeben musste. Mit dem Herzoge Ludwig II. von Veldenz hatte er mancherlei Irrungen wegen der Bergwerke in der Herrschaft Stolzenberg sowie noch über andere Gegenstände, sie wurden jedoch durch den pfälzer Kurfürsten Ludwig VI. im Jahre 1521 friedlich beigelegt [388]). 1531 endigte er den Zwiespalt mit den Grafen Emich IX. und Engelbart von Leiningen durch einen Vergleich [389]). Die kurkölnische Belehnung mit Bretzenheim empfing er 1533, diejenige von Lothringen über die Grafschaft Falkenstein aber schon 1528 [390]). Eine andere Uneinigkeit unseres Wyrich als

---

[386]) Datum Heidelberg auf Dornstag nach esto michi Anno dnj. 1519. Ungedruckt.

[387]) Der geben ist vff sambstag nach Vincentij etc. 1520 gezelt. Falkensteiner Kopialbuch etc. Nr. 185, fol. 224 b—230 b.

[388]) Datum Heidelberg vff Dinstag nach Bartholomej Ao. Dni. 1521. Spoierer Kreisarchiv, zweibr. Abthlg. Fasc. 48.

[389]) Der auffgericht vnnd gebenn ist vff Montag nach Jacobj Apostolj Anno dnj. 1531. Loin. Kopialbuch.

[390]) Jura successionis illustr. Löwenhauptensium in dynastiam Bretzenheim, fol. 10.

Pfandschaftinhabers Neuenbaumburgs mit den Bewohnern von
Wöllstein wegen des Atzes und des niederen Gerichtes daselbst
ward 1537 durch ausdrücklich angeordnete Schiedsrichter gütlich ausgeglichen [391]). Abermals finden wir 1538 einen Vertrag
zwischen Kurpfalz und dem Grafen Wyrich von Falkenstein
über die bisherigen Gebrechen in den Aemtern Alzei und Dirm-
stein, durch welchen dieselben jedoch ihre friedliche Erledigung
fanden [392]). Im folgenden Jahre verlieh der Pfalzgraf und
Herzog Johannes jenem Grafen vermöge eines durch den Pfalzgrafen Ruprecht 1537 vermittelten Vertrages die Kastenvogtei
des Klosters Marienthal nebst dem dazu gehörigen und genau
angegebenen grossen Bezirke [393]). Einen Wog bei Imsbach erkaufte derselbe 1542 [394]). Nach Jahresfrist verpfändete er aber
einen auf Neuenbaumburg ruhenden jährlichen Zins von 25
Gulden dem zweibrücker Kanzler Jakob Weidenkopf von
Ockenheim um 500 Gulden [395]). Da jedoch der pfälzer Kurfürst
Friederich II. 1545 unseren Wyrich nach Heidelberg einladen
liess, um seine Lehen zu empfangen, stellte er »dwil mir aber
alters vnd libs vnuermegelichkeytt mines libs dar Inn ich be-
griffen, das nit wol moglich«, seinem Oberamtmanne in Falkenstein Blicker Landschaden von Steynach eine Vollmacht aus,
seine Person am kurpfälzischen Hofe zu vertreten [396]). Einige

---

[391]) Geschehen vndt geben Dinstag nach Vincula Petri, den
Siebenden tag des monats augusti Anno 1537. Falkensteiner Kopialbuch Nr. 185, fol. 68 a.

[392]) Gegeben zu Heidelberg Donnerstags nach Bartholomæj
Anno 1538. Codex bav. Nr. 1650, fol. 1612—1619 in München.

[393]) Der geben ist zu Siemern uff Montag nach dem Sonntag
Jubilate, den 28sten tag Aprilis etc. 1539 Jar. Urkundensammlung
im Kreisarchive zu Speier Nr. 334.

[394]) Geschehen vndt geben vff sambstag Nach dem Sontag
Exaudi der da war der XXVII tag Maij Anno Christi 1542. Falkensteiner Kopialbuch etc. Nr. 185, fol. 76 a.

[395]) Geben zu Falckenstein vff Montag nechst nach Martins
dess heiligen bischoffstag etc. 1543. Daselbst folio 71 b.

[396]) Datum Falkst. Mantags purifficacionis marie Anno XLV.
Vom Orig. auf Papier apud me.

Wochen nachher musste der unaufhörlichen Reibereien in der gemeinschaftlichen Herrschaft Stolzenberg halber zwischen dem Herzoge Wolfgang zu Zweibrücken und unserem Grafen eine abermalige Vereinbarung abgeschlossen werden zur Herbeiführung des erwünschten Friedens [397]).

Graf Wyrich, dessen Todesjahr noch unbekannt, (jedoch starb er nicht lange nach 1546) hatte 1505 sich mit der Gräfin Irmgart von Sayn ehelich verbunden [398]). Sie brachte ihm die ansehnliche Herrschaft Broich oder Bruch in den Niederlanden als Erbe zu, deren Namen er auch in seinen Titel aufnahm. Er zeugte mit ihr neun Kinder, wie die genealogische Tabelle nachweist. Davon verdienen die drei Söhne Philipp, Johannes und Sebastian unsere Aufmerksamkeit als Stifter von drei besonderen Linien in dem falkensteiner Hause. Der Vater derselben gab selbst die Veranlassung dazu, indem er 1546, da sein Sohn Johannes die Pfalzgräfin Ursula ehelichte, nachstehende Erbfolgeordnung unter seinen Söhnen festsetzte [399]). Kraft dieser Ordnung sollten nach seinem Lebensende seine sämmtlichen Besitzungen getheilt werden in zwei gleiche Hälften, deren eine die Grafschaft Falkenstein sammt ihren Zubehörden nebst den Herrschaften Neuenbaumburg, Wilenstein und Stolzenberg umfasste, die andere Hälfte aber die drei Herrschaften Oberstein, Bruch und Bürgel. Nach der väterlichen Bestimmung sollte jenen ersten Theil der zweite Sohn Johannes, den anderen der ältere Sohn Philipp erhalten und zwar unter folgenden besonderen Bedingungen: die beiden genannten Brüder müssten diejenige ihrer Schwestern, welche bei des Vaters Hinscheiden noch unberathen sein würde, aussteuern; Graf Johannes übernehme zugleich die Verbindlichkeit seinen blödsinnigen Bruder Kaspar zu unterhalten, Graf Philipp hingegen müsse nach seines Va-

---

[397]) Geschehen vnd geben vff Mittwoch nach Palmarum im Jar etc. 1545. Speierer Archiv, zweibr. Abthlg., Fasc. 48.

[398]) Gegeben uf Fritag nach Sanct Martins Tag dess heiligen Bischoffs in dem Jare 1505. Manuskript.

[399]) Geschehen und geben zu Falckenstein uff Sambstag nach Quasimodo, den achten Tag des Monaths May etc. 1546 Jahr. Ludolfi Symphorema etc. T. III, P. II, fol. 293.

ters Ableben die Erträgnisse seiner Herrschaften mit seinem
jüngsten Bruder Sebastiau theilen. Ueberhaupt sollte in Er-
manglung ehelicher Söhne ein Bruder den anderen beerben.
Diese väterliche Anordnung war indessen von keinem langen
Bestande, sondern sie führte die Theilung des ganzen falkensteiner Stammes in drei besondere Aeste herbei. Es geschah
folgendermassen.

Der älteste Sohn Graf Philipp war nämlich, jedoch wider
seinen Willen zum geistlichen Stande bestimmt und musste die
Subdiakonsweihe annehmen. Allein Papst Julius III. gestattete ihm 1550 den geistlichen Stand zu verlassen und sich
zu vermählen [400]). Zwei Jahre später geschah dies, denn er
hatte bereits seit 1539 mit einer Nonne zu Boppart namens
Kaspara von Holtey in einer unerlaubten Verbindung gelebt,
mit ihr auch zwei Kinder, einen Sohn Wyrich und eine Tochter
Magdalena gezeugt. Er liess sich dieselbe am 28. September
1552 in der Schlosskapelle zu Bruch antrauen sowie zugleich
seinen Sohn Wyrich legitimiren [401]). Dieser unerwartete Vorgang erregte sehr grosses Missvergnügen unter jenen drei Brüdern, indem die jüngeren ganz sicher auf das Erbe ihres geistlichen Bruders gerechnet hatten. Desshalb hatte ja auch ihr
Vater in der vorangeführten Erbordnung von 1546 seine Besitzungen nur in zwei Theile geschieden. Der Unfriede dauerte
bis zum Beginne des Jahres 1554, in welchem er durch eine
abermalige Vereinbarung sowie durch eine gänzliche Theilung
gehoben und beigelegt wurde. Vermöge dieses Vertrages [402])

---

[400]) Datum Romæ apud S. Petrum Anno Incarnationis Do-
minicæ 1550 tertio decimo Kalendas Junij, Pontificatus nostri Anno
primo. Aus einer pergamentenen Kopio, auf deren Rückseite folgendes steht: Comes Philippus de Falk. liberatur a Canonicatu, ad
quod vi et minis a patre fuerat coactus.

[401]) Das darüber ausgefertigte Notariatsinstrument ist gegeben
im J. 1552 den 28sten des Monaths Septembris etc. in der Kapellen
auf dem Hauss Bruch bei Mölln. Ludolfi Symphorem. T. III, P. II,
fol. 302.

[402]) Geschehen und geben den 5ten tag des Monaths Januarij
nach Christi etc. 1554ten Jahr. Daselbst folio 310.

bestätigten nun die zwei Brüder Philipp und Sebastian dem Grafen Johannes und dem Bruder Kaspar den Besitz der Grafschaft Falkenstein und der Herrschaften Neuenbaumburg, Wilenstein nebst anderen Zugehörungen und liessen ihm zugleich dasjenige nach, was kraft der väterlichen Anordnung diesem Theile, um ihn mit dem zweiten ins Gleichgewicht zu bringen, durch jenen Johannes herausgegeben werden sollte. Graf Philipp, seine Gattin Kaspara und ihre Erben erhielten jedoch nur die Herrschaften Bruch und Bürgel sammt einer lebenslänglichen, jährlichen Gilte von sechs Fuder Wein aus Bretzenheim und 100 Joachimsthaler baar aus Falkenstein; dem Grafen Sebastian ward aber endlich die Herrschaft Oberstein mit allem was dazu gehörte eingeräumt. So entstanden drei Linien in unserem gräflichen Hause: die falkensteiner, brucher und obersteiner. Verlassen wir nun die beiden zuletzt genannten, um dem Plane dieser Darstellung gemäss uns nur mit jener zu beschäftigen. Der letzteren Linie werden wir nochmals, wenn auch nur kurz gedenken bei der Vererbung der Grafschaft Falkenstein. Die genealogische Tabelle Nr. III. bringt über das ganze genügenden Aufschluss.

d. Johannes von Dhun, Graf-zu Falkenstein.

Graf Johannes, der Gründer der eigentlichen falkensteiner Linie, erhielt, wie bereits oben gezeigt, von seinem Vater Wyrich zugetheilt die Herrschaft Bretzenheim und die grössere Hälfte seiner Besitzungen, nämlich Falkenstein u. s. w., weil mit der Rheingräfin Ursula, der Wittwe (seit 1544) des Pfalzgrafen Ruprecht von Veldenz, deren Hand sein älterer Bruder Philipp wegen seiner unerlaubten Verbindung mit der Kaspara von Holtey ausgeschlagen, er sich 1546 vermählt hatte. Nach der väterlichen Anordnung musste er zwar seinen geistesschwachen Bruder Kaspar unterhalten und sollte der Gleichstellung wegen auch seinem Bruder Philipp noch vieles herausgeben. Allein diese Verbindlichkeit erliess man ihm bekanntlich in dem soeben berührten Theilungsinstrumente von 1554. Zudem starb auch Kaspar im Jahre 1576, so dass also jener die ihm zugefallenen Besitzungen nun ungetheilt und ungestört innehatte und in Falkenstein residirte.

Das Lehen der Grafschaft Falkenstein empfing derselbe von
der verwittweten Herzogin Christina von Lothringen am
12. September 1549 [403]), woraus ersichtlich, dass sein Vater
schon damals bereits verschieden war. 1552 erkaufte er von
Simon Leifart von Heppenheim dessen Antheil von Gerechtsamen
und Gütern zu Jakobsweiler und Steinbach um die Summe von
340 Gulden [404]). Im folgenden Monate erhielt er von Balthasar
Braun von Schmittberg pfandweise den vierten Theil an Lohnsfeld um 189 Gulden [405]). Das Hofgut der St. Peterskapelle zu
Höringen gab derselbe 1555 in Erbbestand [406]), und im nämlichen
Jahre kaufte er von dem vorgenannten von Schmittberg eine
jährliche Gilte von 10 Malter Hafer und 2 Gulden Geldes auf dem
Gute Leithofen bei Lohnsfeld , und Potzbach haftend [407]). Den
obenerwähnten Freiheitsbrief und die Erhebung Falkensteins zu
einer Reichsgrafschaft durch Kaiser Maximilian I. vom Jahre
1518 liess sich Graf Johannes 1559 durch Ferdinand I. wieder
erneuern und bestätigen [408]). Da nun letzterer in diesem Dokumente ausdrücklich sagt: Falkenstein sei bereits seit 1518
nach Massgabe der wenzel'schen Standeserhöhung durch Max I.
in seinen gräflichen Würden bestätiget worden, dass auch deren
Besitzer seitdem stets den gräflichen Titel geführt , so ist kein
anderer Grund zu denken , warum jener Johannes um diese
nochmalige Erneuerung nachgesucht habe , als dieser : weil er
vielleicht von solchen, welche die Beschaffenheit und Schicksale
der alten Grafschaft Falkenstein nicht genügend gekannt, (auch
weil vielleicht der Grafentitel auf dem Gesammtbesitze haften
mochte, nun aber seit 1554 alles getheilt war) Einwürfe befürch-

---

[403]) Aus handschriftlichen Nachrichten.

[404]) Der geben ist den 21 tag des Monats Februarj etc. 1552
Jahr. Falkenst. Kopialb. Nr. 185, fol. 49 b.

[405]) Geben vff den zehenden Tag monats martij anno dni.
1552. Daselbst fol. 18 a.

[406]) Die geben ist nach palmarum Ao. 1555. Das. fol. 8 b.

[407]) Der geben ist vff Mittwoch nach Cantate ao. dni. 1555.
Das. fol. 16 b.

[408]) Geben in Unser und des heil. Reichs Stadt Augspurg am
21ten Monaths July etc. 1559 etc. Ludolfi Symphorema Tom. III,
P. II, folio 261.

tete oder auch wirklich erfuhr. Um solchen Unannehmlichkeiten für die Zukunft auszuweichen, liess er daher sein falkensteiner Land durch das Reichsoberhaupt abermals zu einer
Grafschaft erheben. Vom Grafen Johannes ist sonst nichts besonderes hervorzu-
heben, als dass er die evangelische Konfession in seinen Landen
einführte und nach Ausweis seines in der alten Klosterkirche
zu Marienthal am Donnersberge gestandenen und in der neuer-
bauten protestantischen Kirche daselbst noch vorhandenen herrlichen und grossartigen Grabmonumentes im Jahre 1579 verschieden. Mit seiner Gemahlin Ursula, deren schon einigemal
gedacht ist, zeugte er sieben Kinder, drei Söhne und vier Töchter, welche die Stammtafel Nro. III. angibt. Die Wittwe führte
die Regierung der Grafschaft bis ins Jahr 1585 noch fort gemeinschaftlich mit ihren nachgenannten Söhnen und zwar: Sebastian, dessen nachher gedacht wird; Wolfgang, welcher 1585
noch gemeinsam mit der Mutter und seinen Brüdern unter-
zeichnete, später aber in Blödsinn verfiel; endlich der dritte
Sohn Emich, der letzte seines Stammes. Von den Töchtern
sind nur die ältere Amalia und die Gräfin Sidonia für uns von
Bedeutung. Jene verlobten ihre Aeltern am 29. November 1568
mit Wolf Philipp Herrn von Hohenfels-Reipolzkirchen [109]). Sie
erhielt eine Aussteuer von 4000 Gulden und im Ehekontrakte sogar
noch die Zusicherung, dass, wenn ihr Gemahl ohne Leibeserben vor
ihr versterben würde, sie dessen sämmtliche Besitzungen erben
und erhalten sollte. Ihr Vater Johannes war eben damals bemüht mit den Häusern Bruch und Oberstein einen Erbfolge-
vertrag zustande zu bringen, allein da ihm dabei besonders
letzteres immer entgegen handelte, so konnte er seinen schönen
Zweck nicht erreichen. Aus diesem Grunde ward seiner Tochter
Amalia auf den möglichen Fall hin, dass ihre Brüder ohne
Nachkommen ableben würden, in ihrer Eheberedung die Erbfolge vorbehalten. Sie erzielte indessen mit ihrem Eheherrn
keine Kinder, erlangte aber dennoch durch dessen Tod die
Herrschaft Reipolzkirchen. Sie überlebte auch ihren zweiten

---

[109]) So geben und geschehen zu Falckenstein den 29 Novembris
im J. 1568. Ludolfi Symphor. T. III, P. II, fol. 327.

Gatten, den Grafen Philipp von Leiningen-Westerburg, den sie
1578 ebenfalls ohne Nachkommen geehelicht, vermachte 1603 ihr
gesammtes Vermögen den Kindern ihrer Schwester Sidonia [110]).
Diese Sidonia verlobte ihre verwittwete Mutter nach des
Vaters Hinscheiden im Jahre 1579 mit dem schwedischen Grafen
Axel Löwenhaupt von Rasburg [111]). Acht Tage nach ihrer Verheiratung stellte sie einen Verzicht aus auf das falkensteiner
Besitzthum [112]): solange nämlich noch männliche Erben vorhanden sein würden, sowie auch auf den Fall, wann die von
ihrem Vater früher beabsichtigte Erbfolgeordnung noch zustande kommen sollte. Indessen starb sie vor ihren Geschwi-
stern mit Hinterlassung zweier Söhne, Kasimir und Steno-Löwenhaupt, Grafen von Rasburg und Falkenstein. Jener Kasimir
zeugte vier Söhne, nämlich Gustav Adolf, Axel, Karl Moritz und
Ludwig Wyrich, die später mit dem Grafen Wilhelm Wyrich
von Falkenstein-Bruch über den Besitz der Grafschaft Falkenstein streitig waren. Der Graf Steno-Löwenhaupt erzielte mit der
Gräfin Magdalena von Manderscheid-Virneburg nur eine Tochter,
die im katholischen Glauben erzogen und durch den Grafen
Philipp Theodor von Manderscheid-Keyl die Stammesmutter
jener Grafen von Manderscheid wurde, welche gemeinschaftlich
mit denen von Löwenhaupt unser Falkenstein in Anspruch nahmen
und auch eine Zeitlang behaupteten [113]).

e. Sebastian und Emich von Dhun, Grafen von Falkenstein, die letzten ihres Geschlechtes.

Nach seines Vaters Ableben trat Sebastian die Regierung
der Grafschaft an. Daran nahmen jedoch sowol seine Mutter

---

[110]) S. Ludolfi Symphorem. c. l., sowie auch Genealog. falkenstein. Tab. IV, fol. 7 und handschriftliche Nachrichten über beide
Schwestern.

[111]) Geschehen zu Falckenstein den achten Junij nach Christi etc.
1579. Ludolfi Symphor. l. c., fo. 343.

[112]) Geschehen zu Falckenstein den sechszehenden Monaths Tag
Junij im Jahr 1579. Daselbst folio 334.

[113]) Aus handschriftlichen Nachrichten und aus juristischen
Deduktionen, Genealogien u. s. w.

bis zu ihrem jetzt noch nicht ermittelten Lebensende, als auch seine Brüder Theil bis nach dem Jahre 1585. Vom Herzoge Karl von Lothringen wurde er 1580 mit Falkenstein beliehen [414]). 1584 erkaufte Sebastian nebst seiner Mutter von Philipp von Heppenheim, genannt vom Saale, das Patronatrecht zu Freimersheim um 550 Gulden [415]). Im nämlichen Jahre erwarben sie auch von dem Grafen Albrecht von Nassau-Saarbrücken das demselben zugehörige Hofgut daselbst sammt allen Zuständigkeiten für 9500 Gulden [416]). Die Herrschaft Stolzenberg besass unser Graf in Gemeinschaft mit den Herzogen von Zweibrücken. Beide gaben daher 1588 die Mühlsteinbrüche bei Steingruben in Bestand [417]). Zehn Jahre später erhielt die Gemeinde Dielkirchen von jenen beiden Herren erbbeständlich einen Wald gegen eine jährliche Abgabe von 12 Malter Hafer [418]). Von jetzt an bestehen nur noch einige Nachrichten über den Grafen Sebastian, wie er nämlich den Edeln von Oberstein ihre Gefälle und Gerechtsame in Börstadt um 1500 Gulden 1610 abkaufte [419]), dann im folgenden Jahre der Gemeinde Ilbesheim auf dem Gleichen den ihm schuldigen Atz auf zehn Jahre gegen eine jährliche Vergütung von 55 Gulden erliess [420]) und endlich 1613 den dem Stifte Neuhausen bei Worms in den falkensteiner Dörfern Winnweiler, Lohnsfeld, Potzbach und Höringen zuständigen Zehnten gegen jährliche 100 Gulden in Bestand nahm [421]).

---

[414]) Der geben ist zu Nancy den funffzehenden Tage Martij Im Jahr etc. 1580. Mskpt.

[415]) Der geben ist vff Osterdienstag den 22ten monats tag Aprilis etc. 1584. Falkensteiner Kopialb. Nr. 185, fol. 83 a.

[416]) Geschehen den zwolfften Monatstag Xbris etc. 1584. Daselbst fol. 85 b.

[417]) Geschehen den letzten Decembris Anno 1588. Daselbst folio 217.

[418]) So geben den fünffzehenden Monatstag Martij Anno 1598. Daselbst folio 216 a.

[419]) Geschehen vff Oculi Anno 1610. Daselbst fol. 39 b.

[420]) Geschehen zu Winnweiler vff Mariæ verkündigung im Jahr Christi etc. 1611. Daselbst f. 158 b.

[421]) So geben den dritten Monatstag Februarij etc. 1613. Das. fol. 152 b.

Dieser Graf hatte sich 1577 mit der Gräfin Maria Juliana von Solms verehelicht. Er starb aber ohne Leibeserben nach dem Jahre 1615. Sein einziger Bruder Emich folgte ihm als regierender Herr nach und erhielt von dem Herzoge Heinrich zu Lothringen 1620 wie herkömmlich seine Grafschaft zu Lehen [122]). Dessen Regierung währte indessen nur einige Jahre und fiel zugleich in den Beginn des verheerenden dreissigjährigen Krieges. Auch die Grafschaft Falkenstein war davon sehr hart und empfindlich getroffen. Wir haben daher uns bei diesem Grafen Emich ganz kurz zu fassen. Er hatte sich zwar im Jahre 1626 mit der Gräfin Anna Amalia von Erbach verheiratet, allein nach Verlauf von zwei Jahren war er am 4. November 1628 gestorben [123]). Sein ausserordentliches Bemühen, die Zerwürfnisse und die bis ans Reichskammergericht gediehene Klage der obersteiner Linie über den bruchischen Landesantheil gütlich beizulegen, war leider vergeblich, denn wegen der erwähnten Liebesgeschichte des Grafen Philipp mit der Kaspara von Holtey wollte nämlich jene Linie deren Nachkommen nicht als echte Stammesgenossen anerkennen, ebenso vergeblich, nach seines seligen edeln Vaters Entwurfe eine innige Erbverbrüderung mit den beiden Nebenzweigen seines Hauses zu errichten. Die von Oberstein widersetzten sich ihm stäts mit der entschiedensten Heftigkeit und vereitelten dadurch sein mühsames Bestreben, sich immer noch mit der Hoffnung schmeichelnd, die von Bruch unterdrücken und deren Besitzungen an sich bringen zu können.

Graf Emich, welcher in diesen Dingen nichts zu bezwecken und seine Absicht nicht zu erreichen vermochte, und da dieser Umstand ihm auch die bittere Besorgniss hervorrief, erwähnte im katholischen Glauben erzogne Erbgräfin Elisabetha Amalia von Löwenhaupt möchte den evangelischen Glauben im falkensteiner Gebiete später zu vertilgen suchen, trug sich nun mit dem Gedanken, dieselbe von der Erbfolge gänzlich auszuschliessen.

---

[122]) Geben in unser Statt Nancy den dritten Septembris Anno 1620. Mskpt.

[123]) Ludolfi Symph. c. 1. fol. 339. Genealog. falkenstein IV, 7 und Widder's Beschreibung der Pfalz IV, 170.

Dies zu verwirklichen errichtete er am 9. September 1627 ein eigenhändiges Testament [424]), über dessen Giltigkeit späterhin schwere und kostspielige Prozesse entstanden. In diesem merkwürdigen Aktenstücke hob er unter anderem auch besonders hervor: die Mitgift seiner Schwester Sidonia habe den väterlichen Erbtheil, den sie etwa hätte erwarten können, bei weitem überstiegen, denn des Vaters Nachlass sei kaum 6000 Gulden werth gewesen; auch könnten deren Söhne, weil ihr frühzeitiger Tod sie an der Beerbung ihrer Geschwister gehindert, auf sein und seiner Geschwister Vermögen gar keine Ansprüche machen. Allein dessenungeachtet verschrieb er denselben oder den Grafen von Löwenhaupt 12,000 Gulden, jedoch unter der ausdrücklichen und einzigen Bedingung, dass sie aller sonstigen Forderungen und Ansprüche auf Falkenstein sich begeben müssten. Hingegen seinen Vettern zu Bruch, den Brüdern Wilhelm Wyrich und Emich, vermachte er die Herrschaft Bretzenheim und dem Grafen Franz Christoph von der obersteiner Linie die Grafschaft Falkenstein, aber mit der Verbindlichkeit, die evangelische Religion in derselben aufrecht zu erhalten, sowie auch unter der Verpflichtung, die Herrschaft Oberstein seinem Bruder Lothar abzutreten, endlich mit dem feierlichen Versprechen, mit dem Hause Bruch sich auszusöhnen, damit aller Hass, Spänne und Zwietracht in der Familie gänzlich gehoben würden. Eine Einigung erfolgte auch wirklich unmittelbar nach Emichs am 4. November 1628 erfolgtem Hinscheiden und hauptsächlich desshalb, weil auf die Unterlassung dieser Aussöhnung und auf die Nichtanerkennung der Grafen von Bruch als rechtmässigen Agnaten nach eines Jahres Verlauf — der Verlust der Gesammtgrafschaft Falkenstein gesetzt war, welche dann der brucher Linie allein als Eigenthum hätte zufallen sollen. Dieser letztwilligen Verfügung zufolge erhielt der Graf Franz Christoph im Jahre 1628 Falkenstein. Seinem Bruder Lothar trat er die Herrschaft Oberstein ab, allein beide starben noch vor ihrer Vermählung auf dem Felde den Tod der Ehre, dieser 1633 vor

---

424) So geschehen Bretzenheim den 9ten Tag Septembris Anno 1627. Ludolfi Symphor. decis. ferens. Tomo III, Parte II, folio 349 etc.

Witstock und jener am 4. Oktober 1636 vor der sogenannten Werberschanze [425]).

Kaum hatte Graf Emich die Augen geschlossen, als schon die von Löwenhaupt sogleich sein Testament vor dem lothringischen Lehenhofe anfochten. Indessen die Obersteiner wie die von Bruch wollten als Reichsgrafen keine andere als die Reichskammergerichtsbarkeit anerkennen und nur dieser allein sich unterwerfen. Nach dem tödlichen Hingange des Grafen Franz Christoph, des letzten der obersteiner Linie, erbte Graf Wilhelm Wyrich von Falkenstein-Bruch 1636 die Güter und Besitzungen des Gesammthauses Falkenstein. Hievon trat er jedoch seinem Tochtermanne dem Grafen Georg Wilhelm von Leiningen - Heidesheim die Herrschaft Oberstein ab. Dieser erbte auch später noch Bruch, verkaufte aber die Herrschaft Bretzenheim an den Grafen von Vehlen im Jahre 1643. Der Besitz Falkensteins erregte ihm indessen sehr viele Schwierigkeiten, Unannehmlichkeiten und Streitigkeiten, denn ob auch gleich die Grafschaft im Jahre 1625 durch den Herzog Karl von Lothringen dem Grafen Emich von Falkenstein und zugleich der bruchischen Linie mitverliehen war [426], was auch am 10. Februar 1629 nach Emichs Absterben mit dem Grafen Franz Christoph und den Grafen von Bruch wiederholt geschehen [427]), so erlangten dennoch die Grafen von Löwenhaupt-Rasburg am 14. August 1629 von dem Herzoge mit Ausschluss aller Grafen von Bruch und Oberstein die lothringische Belehnung [428]), und kamen auch später im Jahre 1646 durch die herzogliche Lehenkammer in den Besitz dieses Landes. Allein das nämliche Recht ward auch zugleich den Grafen von Manderscheid als Nachkommen des Grafen Steno - Löwenhaupt von mütterlicher Seite durch dieselbe Lehenkammer zuerkannt und

---

[425]) Dieses alles aus handschriftlichen Nachrichten, Genealogien, Deduktionen, Prozessakten u. s. w.

[426]) Geben in unser Statt Nancy den eilfften Decembris Anno 1625. Mskpt.

[427]) So geben in unserer Statt Nancy den zehnten Februario im Jahr 1629. Mskpt.

[428]) Gegeben in Unser Statt Nancy den 14ten Augusti Anno 1629. Mskpt.

ihnen sogar die Besitzergreifung durch Gewalt der Waffen ver-
schafft [429]).

Graf Wilhelm Wyrich von Bruch hatte sich inzwischen
seit 1640 in dem Besitze der Grafschaft Falkenstein behauptet:
er wurde durch den kaiserlichen Reichshofrath darin geschützt,
war zugleich 1642 von Lothringen damit belehnt, wie sein noch
vorhandener Revers answeist [430]). Derselbe bewirkte auch noch,
dass in dem §. 37 des westfälischen Friedensschlusses vom
Jahre 1648 bestimmt ausgesprochen ist worden: das Schloss
und die Grafschaft Falkenstein sollten demjenigen zugestellt
werden, welchem beide von rechtswegen gebühren [431]). Als nun
die von Löwenhaupt und Manderscheid unter lothringischem
Schutze in den Besitz der Grafschaft Falkenstein und des
Schlosses mit Gewalt eingesetzt waren, so strebte der Graf
Wilhelm Wyrich darnach diese Grafschaft dem Ausspruche des
Friedensschlusses von 1648 gemäss wieder zu erlangen, bis mit
der Beihilfe seiner treuen Unterthauen es ihm auch endlich
gelang das falkensteiner Schloss zu ersteigen, einzunehmen und
die lothringer - manderscheider Besatzung aus demselben mit
gewaffneter Hand zu vertreiben. Bei dieser Gelegenheit wurde
der dortige Kommandant und lothringische Obrist von Wein-
gart, welcher den Angehörigen der Grafschaft während seines
Aufenthaltes viele und unsägliche Drangsale bereitet, am
14. März 1654 im Tumulte erschossen. Nicht lange darauf ver-
lor dieser Graf wieder das Schloss sammt dem Lande. Aus
dem Hinhalten und der Verzögerung der ganzen Streitsache
aber erkennend, dass bei der damals allgemein herrschenden
Energielosigkeit in öffentlichen deutschen Angelegenheiten weder
die Versammlung des Reichstages noch auch der Reichshofrath
gar nicht geneigt waren den Streit um den rechtmässigen Besitz der Herrschaft Falkenstein durch ein rechtsgiltiges Urtheil
beizulegen, verkaufte er am 21. März 1660 dem Herzoge Karl
von Lothringen seine sämmtlichen Ansprüche und Rechte an die

---

[429]) Aus den Prozessakten.

[430]) So geben zu Falkenstein den 31sten Mai 1642. Msc.

[431]) Castrum et Comitatus Falkenstein restituantur ei, cui de
jure competit, heisst es in dem Instrumento pacis westphal. § 37.

Grafschaft. Er schied aus diesem Leben als der letzte Neben-
zweig des alten falkensteiner Stammes am 22. August des
Jahres 1682. Die Tabelle Nro. III. wird diese ganze Erbange-
legenheit sowie das Erlöschen dieser Familie darlegen.

Von den Schicksalen des Schlosses Falkenstein während des
landesverderblichen dreissigjährigen Krieges sind uns noch folgende Nachrichten aufbewahrt, die wörtlich also lauten [432]):
»Das Schloss ist vest, so Anno 1644 im Februario von den
Franzosen auss Hagenauw durch ein Anschlag erstiegen, die
darinn gelegene Lothringer gefangen, vnnd ein grosse Summa
Gelts (an 60,000 Reichsthaler) selbigem Hertzogen zuständig,
darin gefunden worden vnd davon gebracht. Den 10. April
sind wieder etliche lothringische Völker dafür gerückt, dazu die
Spanier aus Kreuznach Vorschub gethan, da sich die Franzosen
am 15. dieses mit Accord wieder ergeben haben.« Ein anderer
Augenzeuge [433]) schreibt das nämliche, dann aber noch vom
Jahre 1647 folgendes: »Den 19./29. October ward das Schloss
Falkenstein durch den französischen Feldmarschall v. Schönbeck
auf Gnad und Ungnad erobert, die lothringische Besatzung darin untergestellt, darauf das schloss an drey Orten gesprengt
und die Fortification geschleift.« — Diesen Angaben zufolge war
zwar das Schloss noch nicht gänzlich, sondern nur theilweise
zerstört und immer noch in einem solchen baulichen Zustande,
dass, wie vorhin bei dem Jahre 1654 bemerkt, ein lothringer
Befehlshaber dort wohnen und dasselbe mit seiner Mannschaft
besetzt halten konnte. Allein um so unbegreiflicher wird es
uns, wie einem Haufen aufgebrachter und organisirter Bauern
möglich geworden, ein früher so bedeutendes und starkbe-
festigtes Schloss zu ersteigen und einzunehmen. Seitdem ward
dasselbe nicht mehr bewohnt. Nach und nach gerieth es in
immer grösseren Verfall und ward dieser noch dadurch be-
schleunigt, dass die Bewohner des unterhalb der Veste liegen-

---

[432]) Zeiler's Topographie der Pfalz Folio 62, woselbst sich auch
ein schöner Kupferstich befindet, den Falkenstein vor seiner Zer-
störung darstellend; siehe auch Theatrum europæum V, fol. 302
und 303.

[433]) Georg Engelstüss in seinem weymarischen Feldzuge, Seite 205.

den Dorfes die branchbaren Steine aus den Mauern brachen
und zum Baue ihrer Häuser und Hütten benützten. Wie das uralte falkensteiner Geschlecht unbeerbt und namen-
los dahinsank und verfiel, so auch dessen Stammburg, deren
Trümmer wir eingangs in Kürze geschildert.

Vierter Abschnitt.

Die Grafschaft Falkenstein unter herzoglich lothringer, dann kaiserlicher Hoheit.

Siehe genealogische Tafel Nro. IV.

Um den Besitzübergang der Grafschaft Falkenstein an
das lothringer und von diesem an das österreichische Kaiserhaus klar und deutlich zu machen, ist eine kurze summarische
Wiederholung des zuletzt Gesagten geboten. Dann soll die kleine
genealogische Tabelle Nro. IV. zur Veranschaulichung dienen.

Die Grafschaft wurde, wie bereits vorgetragen, im Jahre
1628 durch den Tod des Grafen Emich erledigt. Zuerst kam
sie an Oberstein, dann an die brucher Linie. Zugleich entstanden viele Streitigkeiten und Zerwürfnisse über die Erbansprüche
der Grafen von Löwenhaupt und Manderscheid. Der Graf
Wilhelm Wyrich von Dhun-Bruch weigerte sich nämlich vor
dem lothringischen Lehengerichte zu erscheinen, weil ein solcher Schritt eine Berufung an das Reichskammergericht nimmer
zuliess. Der lothringer Herzog Karl nahm also die Grafschaft
Falkenstein bis 1640 in Sequester und ob er gleich den Grafen
von Bruch damit belehnt hatte, so sprach er auch noch den Grafen
von Löwenhaupt deren Besitz und Genuss zu. Wilhelm Wyrich appellirte darauf an das Reichskammergericht, wo er in den
Jahren 1650 und 1653 so viel erwirkte, dass einige kaiserliche
Bevollmächtigte die Sache genau untersuchen sollten. Allein
wider alles Erwarten hatte der Herzog Karl auch sogar die
löwenhauptischen Abkömmlinge weiblicherseits, d. h. die
Grafen von Manderscheid 1652 gleichfalls in den Besitz der
Grafschaft eingewiesen, woraus sie jedoch der Graf von Falkenstein-Bruch bekanntermassen im Jahre 1654, wenn auch nur

auf kurze Zeit mit gewaffneter Faust wieder verdrängte. Das Reichsoberhaupt erliess zwar an den Herzog von Lothringen wie auch an die von Manderscheid im Jahre 1653 verschiedene kaiserliche Mandate. Beide Parteien machten nun Gegenvorstellungen und die langsame Reichstagsversammlung, vor welche diese klagbare Angelegenheit gelangte, wartete inzwischen des noch viel saumseligeren kaiserlichen Reichshofrathes Entscheid ab. Allein dieser wollte immer nicht erscheinen, bis endlich der lothringer Herzog am 21. März 1660 dem Grafen Wilhelm Wyrich von Falkenstein-Bruch alle seine Rechte und Ansprüche auf die Grafschaft abkaufte, den Grafen von Manderscheid aber, welchen er bisher in seinen Schutz genommen, daraus vertrieben und ihren Besitz darauf seinem Sohne dem Prinzen von Vaudemont einräumte. Auf solche heimtückische und ungerechte Weise ward Falkenstein ein lothringer Eigen!

Der Prinz hiess Karl Heinrich und war geboren am 17. April 1649. Sein Vater Herzog Karl von Lothringen, der ihn ausserordentlich liebte, legte ihm den Titel von Vaudemont bei. Der heilige Vater hatte aber des Herzogs Ehe für ungiltig erklärt und so wurde der Prinz von der Erbfolge im Herzogthume Lothringen ausgeschlossen. Hingegen übergab ihm seine Mutter am 20. Mai 1663 ihre sämmtlichen Güter und Besitzungen in Burgund und in Flandern und sein Vater vermachte ihm alle von ihm bisher erworbenen Ländereien vermöge eines Testamentes vom Jahre 1656. Dieses Vermächtniss vernichtete er nachträglich wieder. Später jedoch schenkte er diesem seinem Lieblinge am 19. März 1667 die Grafschaft Falkenstein, darauf am 13. November desselben Jahres die Herrschaft Bitsch und endlich am 15. November die Grafschaft Saarwerden nebst der Herrschaft Vinstingen. Diese sämmtlichen Gebiete hatte die deutsche Reichsstandschaft, sie machten theilweise aber auch Bestandtheile des Herzogthumes Lothringen aus. Prinz von Vaudemont erhielt während der betrübten und schmachvollen Zeiten der französischen Reunionskammern von dem königlichen Staatsrathe zu Paris die revidirten Akten über die bisher wegen der Grafschaft Falkenstein geführten Klagen und Prozesse zugestellt, und dieser Staatsrath, obgleich diese Angelegenheit weder vor seinen Gerichtshof noch vor denjenigen der Reunionskammer zu

Metz gehörte, that dennoch bezüglich Falkensteins im Jahre 1686 einen für den Prinzen sehr nachtheiligen Ausspruch. Vaudemont wendete sich nun an den Reichshofrath und erhielt von demselben am 4. April 1703 die Grafschaft mit allen Einkünften u. s. w. wieder zurück. Die Grafen von Löwenhaupt und Manderscheid gingen deshalb ebenfalls an den deutschen Reichstag, die ebenso sonderbare als unwahre Behauptung aufstellend: die französichen Urtheile oder Rechtsaussprüche seien durch den im Jahre 1697 abgeschlossenen ryswicker Frieden rechtskräftig geworden, aber dennoch wurde auf ihre Klage und Einrede keine Rücksicht genommen. Der Prozess währte fort bis zu des Prinzen im Januar des Jahres 1723 zu Nancy erfolgtem Tode [434]).

Bereits bei dessen Lebzeiten hatte Kaiser Karl VI. im Jahre 1719 dem Herzoge Leopold Joseph Karl zu Lothringen ein Anwartschaftsdekret auf die Grafschaft Falkenstein ertheilt und der Herzog, nachdem der Prinz ohne Nachkommen verschieden, erbte von ihm Vaudemont, Commercy und unser Falkenstein, welches jenem bereits am 1. März 1721 durch den Erblasser geschenkt und übergeben war. Der lothringer Herzog erhielt nun eben dieser Grafschaft wegen sogleich Sitz und Stimme im oberrheinischen Kreise. Aber wolweislich erkaufte er noch die Ansprüche der von Löwenhaupt auf Bretzenheim und auf ein Viertheil Falkensteins am 30. April 1724, sowie später auch noch diejenigen des Grafen Wolf Heinrich von Manderscheid-Keyl auf die andere Hälfte an der Grafschaft am 14. Juni 1727. Die Besitzer des letzten Viertheils an Falkenstein aus dem löwenhauptischen Geschlechte weigerten indessen sich nicht nur standhaft ihre Ansprüche und Gerechtsamen zu veräussern, sondern sie verleiteten auch noch ihre vorerwähnten Miterben die Nichtigerklärung ihrer Verträge bei dem Kaiser nachzusuchen. Allein auf diese Anträge ging des Reiches Oberhaupt nicht ein, sondern es sprach im Gegentheil am 28. September 1731 dem lothringer Herzoge den ruhigen Besitz der ganzen Grafschaft zu. Indessen während dieser Verhandlungen

---

434) Dieses alles und auch das folgende bis zum Ende des Prozesses aus weitläufigen gedruckten Prozessakten und Deduktionen.

war der Herzog Leopold Joseph Karl bereits vorher bei noch nicht vollendetem fünfzigsten Lebensjahre am 27. März 1729 in Lüneville eines plötzlichen Todes verschieden. Sein Sohn, der vortreffliche Prinz Franz Stephan, war geboren am 8. Dezember 1708 und trat nach seines Vaters Ableben am 29. November 1729 die Regierung des Herzogthums Lothringen an. Er empfing das Reichslehen der Grafschaft Falkenstein im Oktober des Jahres 1731, erkaufte vier Jahre darauf von dem Grafen Karl Friederich Franz von Löwenhaupt noch den ihm gebührenden achten Theil der Grafschaft um die Summe von 9000 Gulden [435]. Er vermählte sich am 12. Februar 1736 mit der kaiserlichen Erbprinzessin Maria Theresia, der Tochter Kaisers Karl VI.

Von den bedeutsamen Veränderungen und grossen Begebenheiten, welche diese glückliche Verbindung nach sich zog, gehört unsere Grafschaft betreffend aus der Reichsgeschichte nur folgendes hierher. Der Herzog Franz Stephan sollte vermöge der zu Wien abgeschlossenen Uebereinkunft Bar sogleich, Lothringen aber erst nach dem Tode des Grossherzogs von Toskana an den König Stanislaus von Polen, den Schwiegervater Königs Ludwig XV. von Frankreich abtreten; hiefür wurden dem Herzoge überlassen die Würde und die Vorrechte eines Souverains sowie die Titel, Wappen, Vorzüge und der Rang der Herzogthümer Lothringen und Bar, jedoch ohne dadurch künftige Ansprüche auf diese Länder begründen zu können; ferner die Reichsstandschaft, endlich die Grafschaft Falkenstein; zugleich zugestand ihm das deutsche Reich noch am 18. Mai 1736 die Ausübung des Nomeny- und des falkensteiner Stimmrechtes. Nach diesen Verhandlungen verzichtete Franz Stephan am 24. September 1736 auf seine Ansprüche auf Bar, auf das Herzogthum Lothringen jedoch erst am 9. Juli 1737, nachdem er vorher am 24. Januar durch das Reichsoberhaupt mit dem Grossherzogthume Toskana belehnt worden war. Allein der Grossherzog Johann Gaston starb schon am 9. Juli 1737. Drei Tage hernach ward Franz Stephan feierlich als dessen Nachfolger in jenem Gross-

---

[435]) So geschehen zu Wienn den 2ten Septembris 1735. Ungedruckt.

herzogthume ausgerufen. Sein Schwiegervater Karl VI. segnete das Zeitliche im Jahre 1740, dessen Nachfolger aber, Kaiser Karl VII. am 20. Januar 1745, worauf die Kurfürsten am 13. September des nämlichen Jahres den Grossherzog Franz Stephan von Toskana zum römisch-deutschen Kaiser erwählten. Nachdem dieser am 25. September die üblichen Wahlkapitulationen unterzeichnet hatte, empfing er am 4. Oktober als Franz I. zu Frankfurt am Main die Krönung. Dieser vortreffliche und umsichtige Regent starb am 18. August 1765 zu Innsbruck und wurde mit seiner Gemahlin Maria Theresia der Vater der deutschen Reichsoberhäupter Joseph II. (des ausgezeichneten Monarchen, der bei seinen vielen Inkognitoreisen und Streifereien durch das deutsche Reich immer und vorzugweise den Namen eines Grafen von Falkenstein führte), Leopold II. und der Grossvater Franz II., sowie überhaupt der Stammvater der seitdem und jetzt noch regierenden Majestäten Oesterreichs. Die genealogische Tabelle No. IV. veranschaulicht diesen Gegenstand. Solchergestalt und als Folge der wichtigsten Staatsveränderungen im deutschen Reiche kam die Grafschaft Falkenstein an das hohe habsburger Haus. Sie bildete seitdem ein eigenes Oberamt, das unter der österreichischen Regierung zu Freiburg im Breisgaue stand und dessen Sitz, weil das Schloss Falkenstein in Trümmern lag, in dem nahegelegenen gewerbthätigen Städtchen Winnweiler sich befand bis zum Beginne des verheerenden, so vieles umgestaltenden, gewaltthätigen französischen Revolutionskrieges. Nach dessen Beendigung wurde das bisherige Oberamt mit dem linken Rheinufer an Frankreich abgetreten. Gegenwärtig aber seit 1816 bildet dasselbe einen Bestandtheil des Pfalzkreises im Königreiche Bayern.

Manchen Bewohnern der falkensteiner Orte stehen noch aus den Erzählungen ihrer Aeltern oder Grossältern in traurigem Gedächtniss die vielen herben Drangsale und Leiden, welche von den sogenannten Freiheits- und Gleichheitsmännern, den Neufranken, sie erdulden mussten. Schrecklich und herzzerreissend ist die Schilderung des grossen Jammers und Elendes, was alles dieselben über die unschuldigen Unterthanen gebracht und verbreitet. Ein nunmehr selten gewordener, von der Regierung in Freiburg unterm 12. Februar 1794 erlassener gedruckter „Aufruf an alle Menschenfreunde zur Unterstützung der verunglückten Falkensteiner" gibt hievon Zeugniss. Dieses wichtige Aktenstück und die darin erzählten durch die Franzosen verübten Greuel machen das Herz schaudern und erregen Zweifel an der wirklichen Menschheit. Nur einige bezeichnende Stellen, welche uns alles weiteren überheben, seien aus diesem Nachtgemälde hier angeführt. Der französische General Laval berichtete unterm 27. Jänner an den Nationalkonvent in Paris: „Wir haben den Unterthanen dieser Gegenden so viel genommen, dass ihnen weiter nichts übrig geblieben als ihre Augen, womit sie über ihr wirklich unbeschreibliches Elend zu weinen vermögen!!" Dann wendet sich die kaiserliche königliche Regierung in ihrem Aufrufe an alle Menschenfreunde, indem sie sagt: „Eure Brüder sind elend! Ja diess sind" die falkensteinischen Unterthanen wirklich . . . . . elend im unbeschreiblichsten Grade! Ihr Obdach ist der Himmel, ihr Lager die Ruinen ihrer Hütten; ihre Kleidung Lumpen und Fetzen; ihre Nahrung erbetteltes Schimmelbrod!!!"

Bewegten Herzens wenden unsere Augen wir ab von dieser Beschreibung. Doch sei noch erwähnt, dass die Spuren eines solchen unmenschlichen Verfahrens hie und da noch heute zu finden sind — mit Ausnahme des Städtchens Winnweiler und der auf dem sogenannten Gau gelegenen grösseren Orte — in den gedrückten ökonomischen Zuständen der im Gebirge befindlichen zur ehemaligen Grafschaft Falkenstein gehörigen kleineren Dörfer. Schliessen wir unsere geschichtliche Darstellung darum mit dem innigsten Wunsche, dass solche Vorgänge in unserem nunmehr geeinigten deutschen Vaterlande sich nimmer wiederholen, sondern dass die deutschen Volkstämme aller Zungen unter dem schützenden Schirme des nach ruhmreichem Kampfe neuerstandenen Kaiserreiches in ungestörter Eintracht, in Wolstand und Frieden auf alle Zeit dahin leben möchten!

Nussdorf. Ende Septembers 1871.

J. G. Lehmann.

Berichtigung.

Der in den ersten Bogen dieses Werkes verbliebene Durchschuss einiger Wörter hat wegzufallen.

———————